Als aufmerksame(r) Beobachter(in)
der Geschehnisse in der Welt heutzutage
könnte man mutlos werden und verzweifeln
angesichts der elementaren globalen Probleme
und deren tatsächlichen immensen Dringlichkeit.
Die Ideenlosigkeit vieler Menschen,
die Tatenlosigkeit politischer Entscheider,
die zunehmende Verlogenheit der Volksverführer,
die wachsende Zahl der ihnen nicht selten blind Ergebenen,
da die eigene Orientierungslosigkeit sonst wohl unerträglich wäre,
sind in diesen Zeiten absolut kontraproduktiv und äußerst verstörend.
Eine Demokratie lebt von der Wachheit der einzelnen Bürger.
Daher ist es unverzichtbar, sich selber ein Bild zu machen
von den fundamentalen Themen der heutigen Zeit,
die am Ende dafür ausschlaggebend sind,
dass die notwendigen Entwicklungen
angemessen eingeleitet werden.

In diesen unklaren Zeiten
sind Sie herzlich dazu eingeladen,
sich inspirieren zu lassen,
durch eindrucksvolle Fotos
und anregende Texte.
Willkommen!

Walter Krahe

ErkenntnisLandschaft

Vielsicht – Einsicht – Weitsicht

Bild und Text Meditation

www.gloint.de

© 2020 Walter Krahe

Fotos: Hans-Peter Geyer (Adenau), Walter Krahe (Insul)
Lektorat: Gabriele Bruns (Bonn)
Grafik-Digitalisierung und Website: Felix Reither (Wiesemscheid)

Verlag: tredition GmbH, Hamburg

ISBN
Paperback   978-3-347-15003-4
Hardcover   978-3-347-15004-1
e-Book   978-3-347-15005-8

Informationen

Dieser Band „ErkenntnisLandschaft" ist der abschließende, neunte Band der Schriftenreihe Globale Intelligenz (www.gloint.de).

Ausgewählte Themen und Texte aus allen Bänden der Schriftenreihe werden hier jeweils mit Fotos auf einer Doppelseite präsentiert. Frühere Texte wurden dabei häufig verändert, entsprechend gekürzt oder aber sogar durch weitere Informationen ergänzt.

Im Sinne einer ganz natürlichen inhaltlichen Weiterentwicklung gelten die hiesigen Versionen als die aktuellen Texte, wobei Kürzungen natürlich oft auch auf das begrenzte Platzangebot zurückzuführen sind.

Obwohl dieser Band bereits vor dem siebten und achten Band (s. S. 93 und S. 94) erscheint, gibt es hier auch Themen aus diesen Bänden, da diese sich bereits in Arbeit befinden und Anfang 2021 erscheinen.

Foto-Nachweis

♦ Verantwortlich für sämtliche Inhalte und deren Zuordnung zu den Fotos: Walter Krahe

♦ © Fotos von Hans Peter Geyer, Adenau

Buchcover: Vorderseite, Rückseite

Auf den Seiten: 3, 10, 11, 16, 17, 18, 19, 32, 34, 38, 40, 46, 50, 56, 58, 60, 64, 68, 70, 80, 82,

♦ © Fotos von, Walter Krahe, Insul

Auf den Seiten: 12, 13, 14, 15, 20, 21, 22, 24, 26, 28, 30, 31, 36, 42, 44, 45, 48, 52, 54, 57, 62, 66, 72, 74, 76, 78, 84, 85

Inhaltsverzeichnis

Die Grundsatzfrage 2020

Ohne, dass wir Menschen uns jetzt zeitnah auf ein gemeinsames Ziel fest-legen und dieses mit aller Klarheit einfordern und mit Nachdruck umset-zen, wird die adäquate Bewältigung der anstehenden elementaren Proble-me immer aussichtsloser. In diesem Sinne sind die Grundsatzfrage 2020 und die angeschlossene Petition als Ausdruck des gemeinsamen Willens für jeden Einzelnen derzeit eine fraglos einmalige Mitmach-Möglichkeit:

► Möchte ich künftig in einer Gesellschaft leben,

a) die auf eiskaltem Egoismus, die auf profitorientiertem Wettbewerb – jeder gegen jeden und gegen die Natur – und die auf grenzenlosem Wachstum basiert (Kapitalistische Marktwirtschaft)?

b) die auf altruistischer Hingabe gegenüber dem alles bestimmenden und alles kontrollierenden Kollektiv basiert (Sozialistische Zentralverwal-tungswirtschaft)?

c) die liberal – sozial und ökologisch ausgerichtet – auf einem rücksichts-vollen und ausgewogenen Miteinander von Mensch, Menschen und Natur basiert (Kooperations-Wirtschaft)?

Möchte man tatsächlich den Bereich utopischer Fantasien verlassen, be-ginnt die Veränderung der Lebenswirklichkeit für einen jeden – über alle Unterschiede hinweg – unausweichlich mit dieser Grundsatzfrage. Nur durch eine unmissverständliche Antwort lässt sich bei all der Vielfalt und all der Komplexität gesellschaftlicher Zusammenhänge, bei all den notwendigen Konkretisierungen in den unzähligen Lebensbereichen, ein gemeinsamer Nenner finden, der lokal bis global jedem einzelnen Menschen und jeder einzelnen Institution verlässlich Ziel und Richtung vorgibt.

♦ Ohne gemeinsame Orientierung – keine gelingende Kooperation!

♦ Ohne gelingende Kooperation – kein sinnvoller Wandel im 21. Jh.!

Ist ein besonnener Systemwechsel zu einer ausgewogenen Gesellschaft, die auf Kooperation und ökologischem Bewusstsein basiert, eine Illusion?

Ja, solange man selber noch glaubt, auf irgendetwas warten zu müssen.

Ja, solange man sich selber erst gar nicht mit der Grundsatzfrage 2020 auseinandersetzt und so auch künftig nichts Konstruktives beitragen kann.

Ja, solange man sich und andere nicht zur entschiedenen Haltung bewegt.

Die Petition (s. www.gloint.de)

▶ *Ich möchte, dass wir Menschen in einer liberalen – sozial und ökologisch ausgerichteten – Gesellschaft leben, die auf einem rücksichtsvollen und ausgewogenen Miteinander von Mensch, Menschen und Natur basiert.*

♦ Ihr Mitwirken ist nicht alles, aber ohne das ist vieles nichts, angefangen bei Ihrer Stimme, bis hin zu globaler Kooperation.

ErkenntnisLandschaft Ahrtal

Der Ur-Bonner Walter Krahe, Autor und Herausgeber der Schriftenreihe „Globale Intelligenz", manchmal auch mit Kamera unterwegs, ist seit seiner Jugend Liebhaber der Eifel und wohnt seit mehr als einem Vierteljahrhundert mit seiner Familie unmittelbar am Ahrufer.

Seine Erfahrungen in den unzähligen Begegnungen mit Menschen aus allen Teilen der Welt – als langjähriger Lehrer für Deutsch als Fremdsprache und Fachbereichsleiter an der Philosophisch-Theologischen Hochschule SVD in Sankt Augustin – machten ihn zum Kenner kulturell ganz unterschiedlicher bzw. widersprüchlicher Sichtweisen in Bezug auf verschiedene Lebensbereiche: von ganz banalen Alltagsfragen bis hin zur Weltpolitik. Viele dieser kulturell bedingten Standpunkte taten sich ihm im Laufe der Zeit als komplementäre, sich gegenseitig ergänzende Standpunkte auf, sozusagen als „Yin und Yang" menschlicher Lebensbewältigung – entstanden durch die erfolgreiche Anpassung der Menschen an die unterschiedlichsten Lebensumstände rund um den Globus.

Eifel und Ahrtal bieten W. Krahe einen fantastischen Raum und eine Quelle der Inspiration, diese Erkenntnisse in seinen Texten zu vertiefen.

Die Wahrheit liegt nicht nur im Wein …

… auch die Schönheit der Natur lässt innehalten.

ErkenntnisLandschaft Hohe Acht

Die Hohe Acht, ursprünglich ein Vulkan, mit einer Kuppe aus Basalt liegt bei Adenau und ist mit 746,9 m ü. NHN der höchste Berg der Eifel. Der Kaiser-Wilhelm-Turm (Bj 1909) bietet eine Aussichtsplattform mit einem spektakulären Panoramablick – je nach Sicht und „Gläser" äußerst weit.

Der Ur-Eifeler Hans-Peter Geyer, aufgewachsen in Adenau in der Hocheifel, im Dunstkreis von Hohe Acht, Nürburg und grüner Hölle (Nürburgring), ist ein ausgezeichneter Kenner der Eifel. Diese hat er auf vielen Wegen erwandert. Im Laufe der Zeit aber wurde er zum überzeugten Liebhaber der Hohen Acht. Der grandiose Ausblick von dort – mit immer neuen Sichterlebnissen bei den unterschiedlichsten Wetter- und Lichtverhältnissen – hat ihn derart in den Bann gezogen, dass er zu jeder Jahreszeit dorthin wandert, um die unglaubliche Vielfalt „einzuatmen", die ihm die Natur auf seinem Weg dorthin und dann der krönende Fernblick offenbart. Die Zeit dort oben verfliege jedes Mal, als ob sie gar nicht existierte.

Der Wunsch, seine überwältigenden Eindrücke festzuhalten, machte ihn zum motivierten Hobbyfotografen – heute selbstverständlich bereit, die Last seiner gewachsenen Fotoausrüstung bis hoch zum Gipfel zu tragen.

Betrachtet man seine Fotos von dort, lässt sich trotz ähnlicher Blickwinkel die Magie der Hohen Acht durch die Vielfalt der Weitsichten erahnen.

17

Erkenntnis braucht Weitsicht …

… auch wenn diese bisweilen erklommen werden muss.

Dringender Aufruf

Freunde
der ganzen Wirklichkeit,
es ist genau jetzt an der Zeit,
persönlich die Stimme zu erheben
gegen Einseitigkeit und Verlogenheit,
gegen Egoismus und Ungerechtigkeit,
gegen überholte Tabus und Traditionen,
gegen alles – was dem Frieden zuwiderläuft,
und Vielsichtigkeit und Kooperation zu fördern,
damit künftig möglichst viele auf der Welt zufrieden sind.

It`s sapience, stupid ape!

It´s stupidity, homo sapiens!

Das Original-Foto wurde vor ca. 15 Jahren in einem Freizeitpark in der Eifel gemacht.

Der Homo sapiens
Nicht Krone der Schöpfung,
sondern Gipfel der Zerstörung,
nicht weise, sondern beschränkt,
nicht real, sondern stets eingebildet:
Gottheit der Einseitigkeit,
Schutzpatron des Egoismus,
Priester der Selbstherrlichkeit,
Koryphäe für Folter und Tötung
Experte für Werkzeug und Waffen,
Profi im Begrenzen und Ausgrenzen,
Meister im Unterdrücken und Ausbeuten.
Ab mit ihm auf die Müllhalde der Geschichte!
Willkommen Homo multividus,
willkommen vielsichtiger Mensch!

22

Die Bezeichnung Homo sapiens

Der schwedische Naturforscher Carl von Linné benutzte die Bezeichnung „Homo sapiens" erstmals 1758 (u. a.) im Zusammenhang mit seiner Arbeit an den „Grundlagen einer moderneren Ordnung von Pflanzen und Tieren". Als erstes und einziges Wesen im biologischen Kontext verfügt der Mensch bis heute über keine klar definierten körperlichen Alleinstellungsmerkmale, die ihn von seinen nächsten Verwandten – den Menschenaffen – zweifelsfrei unterscheiden, was biologisch natürlich bedeutet, dass auch Menschen Affen sind.

Linné unterschied und klassifizierte den Menschen dennoch als höherstehend, und zwar einzig aufgrund der geistigen Fähigkeiten – so wie er sie seinerzeit einschätzte – und nicht aufgrund von Körpermerkmalen.

Das geistige Potenzial des Menschen überschrieb er mit dem Motto „Erkenne Dich selbst". Im Vergleich zu den übrigen Tieren erschien ihm der Mensch als vernunftbegabt und weise, so dass für ihn am Ende die Bezeichnung „Homo sapiens" als die passende erschien.

Man sollte davon ausgehen, dass Linné heute – etwa 260 Jahre klüger – diese Bezeichnung für den Menschen bei all dessen Fehlverhalten nicht mehr benutzen würde – ebenso wenig wie seine damalige, heutzutage skandalöse hierarchische Einteilung der Menschen in 4 Rassen.

Der Mensch ist genauso wenig „sapiens", wie er die Krone der Schöpfung ist und im Mittelpunkt des Universums steht, mit dem Auftrag versehen, sich die Erde untertan zu machen und andere Lebewesen zu unterjochen.

Welch verhängnisvolle Wahnvorstellungen einer immer noch einfältigen Kreatur, deren Bestimmung wohl viel eher ist, sich als gleichwertiger und vielsichtiger Teil des großen Ganzen zu erkennen – mit der maximalen Funktion eines fürsorglichen Hausmeisters seines Heimatplaneten Erde.

„Um zur Wahrheit zu gelangen,
müssen wir uns von allem Gelernten frei machen
und das uns zur Verfügung stehende Wissen neu ordnen."

frei nach René Descartes

(aus dem Film The „Girl King", 2015, 1:34, Worte der Königin Kristina von Schweden)

Von seiner Natur ist der Mensch kein Krieger

Der Humanethologe Irenäus Eibl-Eibesfeld beschreibt einen nach stein-
zeitlichen Traditionen lebenden Volksstamm im Bergland von Neuguinea,
der 1975 von Forschern erstmalig besucht wurde. Die Versorgung der
Wissenschaftler geschah anfangs aus der Luft mithilfe kleiner Fallschir-
me. Eines Tages legte man in der Nähe des Dorfes eine einfache Lande-
bahn für Kleinflugzeuge an, damit der Nachschub einfacher zu regeln war.
Nach der Fertigstellung lud man zwei mutige Männer des Stammes zum
ersten Flug in ihrem Leben ein. Als es soweit war, seien die Männer, die
ihre Kriege normalerweise mit Pfeil und Bogen führten, mit großen Stei-
nen zum Flugzeug gekommen. Sie wollten die einmalige Gelegenheit des
Rundfluges dazu nutzen, aus der Luft Felsbrocken auf die Dörfer ihrer
feindlichen Nachbarn zu werfen.
(„In der Falle des Kurzzeitdenkens", Irenäus Eibl-Eibesfeldt, Piper Verlag, 1998, S. 11)

„Der Mensch erfand die Atombombe,

doch keine Maus der Welt würde eine Mausefalle konstruieren."

(Albert Einstein)

Eines der ersten und wichtigsten Dinge, woran ein Mensch im Zusammenhang mit Neuerungen denkt, ist wohl, wie er diese für den Kampf benutzen kann. Das ist nichts Neues, werden doch umgekehrt viele technische Entwicklungen erst durch militärische Forschungen ermöglicht. Vermutlich arbeiten rund um den Globus die engagiertesten und besten Forscher für das Militär.

Laut dem Prähistoriker Harald Meller, Landesarchäologe von Sachsen-Anhalt, gilt Krieg als kulturelle Erfindung des Menschen und friedliebende Kooperation als sein eigentlicher Naturzustand. Für viele Jahrtausende seien die Menschen Konflikten eher aus dem Weg gegangen, weil Menschenleben viel zu kostbar und Auseinandersetzungen viel zu aufwendig gewesen seien. Mord und Totschlag zwischen Einzelnen habe es schon lange gegeben, systematischen Krieg aber gebe es erst in den letzten wenigen Prozent der Menschheitsgeschichte, also erst seit einigen Tausend Jahren. Von Schimpansenhorden weiß man, dass sie manchmal benachbarte Schimpansengruppen angreifen, um in erster Linie ihr Territorium zu markieren und die Weibchen der anderen Gruppe zu stehlen. Auch in den frühen Auseinandersetzungen der Menschen galten Frauen (u. a.) zur Vergrößerung der eigenen Gruppe als wertvolle „Beute".

Kriege kamen aber erst vor ca. 10.000 Jahren auf, also mit dem Beginn der Sesshaftigkeit und dem Beginn von Ackerbau und Viehzucht. Verfügten Jäger und Sammler auf ihren Wanderungen neben ihren vorübergehenden Jagd- und Sammelgründen grundsätzlich noch über ähnliche Existenzgrundlagen, so entwickelte sich mit der Sesshaftigkeit der Anspruch auf ein festes eigenes Territorium und auf den zunehmenden eigenen Besitz. Landeroberung und Raub wurden in den ersten Kriegen zum Ziel des aggressiven Unterfangens. Die spätere Staatenbildung führte zum Ausbilden und zum Bewaffnen von Armeen und so auch zu mehr Kriegen.

Krieg sei laut Harald Meller kein fester Bestandteil der Menschheit: „Aggression gehört zum Menschen. Krieg ist eine kulturelle Entwicklung, er ist eine kulturelle Erfindung. Und eine kulturelle Erfindung kann auch wieder verschwinden. Wenn die Umstände gegeben sind, die Kriege nicht mehr nötig machen, müssten Kriege eigentlich verschwinden."

Zu den Kriegsursachen würden auch Überbevölkerung, ungleiche Ressourcenverteilung und unterschiedliche Ideologien zählen.
(„Krieg muss es nicht geben", Harald Meller im Gespräch mit Dieter Kassel, 10.3.2016, deutschlandradiokultur.de)

Humanität

„Vielleicht sind ... Ratten geeigneter, um nach dem Aussterben unserer Spezies die Erde zu bevölkern, denn sie riechen, wenn ein Mitglied ihrer Spezies hungrig ist und füttern es. (Sibylle Berg, Kolummne: „Coronakrise - Bankrotterklärung der Menschlichkeit", 11.4.2020, spiegel.de)

Mit dem Begriff „humanitär" verbindet man heutzutage in der Regel karitative bzw. wohltätige Aktivitäten, die das Ziel verfolgen, die Not von Menschen zu lindern. „Human" wird gewöhnlich als etwas sehr Positives verstanden, als eine nachsichtige Haltung, bei der die Würde eines anderen Lebewesens geachtet wird.

Aus der Sicht der Armen und Unterdrückten dieser Welt und aus der Perspektive der geschundenen Natur dieses Planeten Erde müsste das Adjektiv „human" realistisch betrachtet allerdings eine äußerst negative Bedeutung haben: kaltblütig grausam und effizient zerstörerisch. Denn das sich selber als Homo sapiens verklärende „Tier Mensch" ist bisher in Wirklichkeit (u. a.) das gefährlichste Raubtier, das die Evolution jemals hervorgebracht hat – getrieben von einer grenzenlosen Egozentrik und Gier, viel zu lange abgesegnet durch Kultur, Religion und vor allem durch ein asoziales, auf gnadenlosem Egoismus basierendem Wirtschaftssystem.

Vieles, was heutzutage den Anlass für humanitäres Handeln gibt, das häufig eher Gewissensberuhigung als tiefer gehender Hilfe und konkreter nachhaltiger Ursachenbeseitigung entspricht, kann auf das unselige „antihumane" Handeln der Menschen zurückgeführt werden.

Es bedarf dringend einer Neubestimmung des Begriffs der Humanität. Humanitäre Hilfe braucht eine umfassendere Bedeutung als bisher. Geht es um die menschgemachten Katastrophen, dann sollte humanitäre Hilfe bereits bei der Vermeidung von Missständen einsetzen. Das beginnt z. B. mit der unverzichtbaren Überwindung der grassierenden Einseitigkeit, des ausufernden Egoismus und der gesellschaftlich geduldeten Egozentrik, die allesamt Quellen verheerenden menschlichen Versagens sind.

Darüber hinaus verlangt das heutzutage unverzichtbare Funktionieren von kooperativem menschlichem Miteinander, dass man nicht nur sich selber stets in den Fokus seiner Aufmerksamkeit stellt, sondern gleichermaßen auch die Sicht der anderen wachsam zu berücksichtigen vermag.

Im Kern der Bemühung um Mitmenschlichkeit – im Sinne von Menschenliebe und Menschlichkeit als Grundlage des Denkens und Handelns (= „Humanitas") – geht es in erster Linie …

1. um die Bewusstmachung von Menschenfreundlichkeit, Mitgefühl und Liebe zu Mensch und Natur, als bestmögliche Achtung eines anderen,

2. um die Akzeptanz und die Verinnerlichung von Humanitas als maßgebliches Lebensprinzip, als Ausgangspunkt und leitende Norm, als Neuausrichtung der Maxime menschlichen Denkens und Handelns,

3. um die konkrete Umsetzung von Mitmenschlichkeit in der alltäglichen Begegnung mit anderen Menschen und anderen Lebewesen,

4. um einerseits die mögliche Verhinderung von Katastrophen und andererseits angemessenes Handeln bei unvermeidbarem Eintreten.

Ein derartiges Verständnis von Mitmenschlichkeit führt durch die Befreiung aus der verheerend einseitigen Ich-Gefangenheit zur Überwindung von destruktivem Denken und Handeln. Menschlichkeit erhält so die Chance, künftig tatsächlich wertvoll zu sein.

In einer auf Kooperation basierenden Gesellschaft stellt dies kein überhöhtes Ziel dar, weil am Ende ein jeder davon profitiert. Angemessene karitative Hilfe in Notsituationen ist infolge der Verwirklichung der oben beschriebenen Punkte eine völlige Selbstverständlichkeit.

Jeder Jeck ist anders!
(Kölsche Karnevals-Weisheit – Foto: Karnevalsumzug in Insul an der Ahr)

Die Vielfalt der Menschen

♦ Beispiel für ungleiche kulturelle Sichtweisen: Mit Stäbchen essen.

▪ Für manchen Europäer erscheint das Essen mit Holzstäbchen als primitiv und die Frage kommt auf, wann endlich das Besteck eingeführt wird.

▪ Manche Asiaten erinnert das Essen mit Messer und Gabel an Barbaren, die mit einer Waffe und einem Werkzeug in blutigem Fleisch rumsäbeln.

Der Mensch zählt zu den wenigen Lebewesen, die es im Laufe der Evolution geschafft haben, sich rund um den Globus auszubreiten. Dabei war eine seiner wichtigsten Leistungen, sich an die jeweiligen Lebensverhältnisse anzupassen: u. a. an die geografischen, klimatischen und biologischen Bedingungen. Gegessen wurde zum Beispiel das, was vorhanden, verträglich und möglichst nahrhaft war. Kleidung und Behausung hingen vom Klima ab. Die benutzten Werkzeuge waren auf die vorhandenen Materialien und die üblichen Tätigkeiten zurückzuführen.

Der Mensch war (ist) aus evolutionärer Sicht ein Meister der Anpassung, die sich nicht nur in mannigfachen Lebensweisen, sondern über tausende Jahre hinweg auch in einer genetischen Anpassung (z. B. Körperwuchs, Stoffwechsel, Hautfarbe, Haarfarbe etc.) wiederfindet. Allerdings sind die genetischen Unterschiede zumeist deutlich kleiner als 1 Prozent.

Dieser Unterschied ist viel zu klein, um die Menschen deshalb in verschiedene Rassen einzuteilen, wie das auch heute noch von einigen Menschen versucht wird. Die Idee der Rassen ist nichts weiter als eine begrenzte, völlig einseitige menschliche Sicht und hat mit der biologischen Wirklichkeit nicht viel zu tun. Biologisch gesehen gibt es nur eine Rasse, nämlich die eine Menschenrasse. Der frühere UN-Generalsekretär Kofi Annan bezeichnete den Rassismus als eine Krankheit, unter der die Menschheit schon immer gelitten habe.

Dabei stellen die Vielfalt der Menschen – jeder Mensch ist einzigartig – und seine vielfältigen Erscheinungs- und Lebensweisen eine Bereicherung für die Menschheit dar. Die Verirrung und Arroganz, sich und sein Volk für entwickelter zu halten, ist dagegen Ursache für unermessliches Leid.

Intellektuelle und emotionale Defizite sind neben ideologischer Orientierung der Grund für die egozentrische Sicht, nach der heute noch Menschen wegen ihres Äußeren und ihrer Lebensweisen diskriminiert werden.

♦ Als Anregung eine Geschichte aus Südamerika:

Als Gott Adam und Eva erschuf, waren diese schwarz. Auch ihre Söhne Kain und Abel waren schwarz. Eines Tages tötete Kain seinen Bruder Abel. Als Gott das sah, wurde er so wütend, das Kain bleich vor Angst war und bis zum Ende seines Lebens eine helle Hautfarbe behielt. Auch seine Kinder wurden „weiß" geboren.

Nach dieser Geschichte aus Kolumbien sind die Weißen also die Nachkommen des Mörders Kain. Warum?

Die Vielfalt

Andersheit ist nichts,
was erschrecken sollte.
Andersheit sollte Neugierde
und nicht Ablehnung auslösen.
Gleichheit dagegen verlangt Vorsicht.

Variation ist nichts,
was schwächen sollte.
Variation sollte Bereicherung
und nicht Konfrontation darstellen.
Eintönigkeit dagegen verlangt Weitsicht.

Vielfalt ist nichts,
was verwirren sollte.
Vielfalt sollte Inspiration
und nicht Orientierungslosigkeit erzeugen.
Einfalt dagegen verlangt Umsicht.

Angemessenheit ist nichts,
was fremd sein sollte.
Angemessenheit sollte der Schlüssel
zu Andersheit, Variation und Vielfalt sein.
Unangemessenheit dagegen bedarf Einsicht.

Mein Standpunkt ist der einzig richtige …

- **Diktatoren:** *Mein Wort ist Gottes Wort, denn Gott spricht durch mich!*
- **Autokraten:** *Mein Wort ist Gesetz, sonst ändere ich das Gesetz!*
- **Einseitige:** *Es gibt nur diese eine Möglichkeit und die ist einzig richtige!*
- **Politiker:** *Meine Tun beinhaltet an erster Stelle das für mich und meine Partei Nützliche und das ist zweifelsohne immer das politisch Richtige.*
- **Konservative:** *Das, was unserer Macht hilft, ist klar religiöser Auftrag!*
- **Soziale:** *Das, was unsere Macht stärkt, ist immer auch sozial richtig!*
- **Linke:** *Das alles, was andere Wohlhabende in Verruf bringt, dient unserem Ansehen als Kämpfer für soziale Gerechtigkeit und ist fraglos richtig!*
- **Grüne:** *Das, was den Menschenrechten, dem Frieden, der Umwelt und dem Feminismus dient, das, was für ökologische, ökonomische und soziale Nachhaltigkeit steht, ist sogar im Extrem immer automatisch richtig, auch wenn niemand von uns weiß, all das sinnvoll unter einen Hut zu bringen!*
- **Liberale:** *Das, was mich und meine Freunde machen lässt, was immer wir wollen, ist einzig hinnehmbar – alles andere ist Freiheitsberaubung!*

- **Völkische:** *Das, was mich, meine Kameraden und die vielen Orientierungsbedürftigen kraft unserer volksnahen Ideen zur herrschenden Gewalt im Staate macht und alle anderen ausgrenzt, das ist der wahre Weg!*

- **„Trumpeten":** *Ich bleibe unerreicht der Größte und Beste. Egal, was ich behaupte, mein Standpunkt ist immer richtig. Alles andere ist Fake!*

- **Besessene:** *Ich gehöre dem wahren Weg an und das Wahre gehört zu mir. Ich liege deshalb immer richtig, ganz egal, worum es geht!*

- **Traditionalisten:** *Nur das ewig Gestrige kann auch das ewig Morgige und damit das ewig Wahre sein. Es gibt nichts anderes!*

- **Emotionale:** *Nur das ist richtig, was ich tief in mir fühlen kann und was mich emotional ganz ergreift. Alles andere ist gefühllos und falsch!*

- **Narzissten:** *Wer mich und meine Weise, die fraglos absolute Beachtung verdient, nicht zu würdigen weiß, der versteht nicht viel vom Leben!*

- **Egozentriker:** *Meine Sicht entspricht der Normalität und trifft auf jeden und auf alles zu. Die Gesellschaft muss endlich normal werden!*

- **Egomanen:** *Alles, was meinem Nutzen dient, ist definitiv immer richtig!*

- **Altruisten:** *Alles, was der Gemeinschaft dient, ist das einzig Wichtige!*

- **etc. ....!**

Ein für alle Male: Nein! Für ein reales fruchtbares Miteinander von Mensch, Menschen und Natur ist es künftig unverzichtbar,

○ dass sich Menschen um die Haltung der Vielsichtigen bemühen:

- **Vielsichtige:** Ich weiß um mein Unvermögen, objektiv zu sein. Dennoch möchte ich der Wirklichkeit möglichst nahe kommen. So achte ich auf so viele Standpunkte wie möglich und versuche diese angemessen und situationsbedingt zu berücksichtigen. Nur durch Vielsichtigkeit und globale Intelligenz vermag ich, einen möglichst sinnvollen Standpunkt zu finden!

○ dass Menschen ihre Fähigkeiten in den Dienst der Sache und nicht länger in den Dienst eigener oder sonstiger partikularer Interessen stellen,

○ dass Eigen-, Fremd-, Gemein- und Universalwohl (= das Wohl aller) gleichermaßen Aufmerksamkeit und adäquate Berücksichtigung finden,

○ dass gesellschaftlich genau das als Anspruch jedem Verantwortungsträger verpflichtend und jedem Einzelnen als Orientierung vorgegeben wird.

○ dass dies alles künftig Normalität für kooperative Gesellschaften ist.

Der Wahn – die Guten zu sein

Auf der Seite der Täter und der Betroffenen
ist der zentrale Grund für die Gewalt
die ungeprüfte Überzeugung,
den Guten anzugehören
und grundsätzlich
das Richtige
zu tun
!

Die meisten Menschen im Westen sind felsenfest davon überzeugt, dass sie im Gegensatz zu den angeblichen Desorientierten und Schurken auf dieser Welt zu den Guten gehören: dass ihre Kultur, dass ihr Denken und Handeln, dass ihre Werte und ihr Umgang miteinander der Maßstab für alle anderen Menschen sein sollte, dass ihr Gott der einig wahre ist. Sich selber und ihre Politik halten sie für modern, erfolgreich und friedliebend.

Dabei ist die Wirklichkeit eine völlig andere: Unter dem Deckmantel, Freiheit, Demokratie und Fortschritt in die Welt zu bringen, verfolgten und verfolgen Europäer und Nord-Amerikaner in Wirklichkeit eiskalt ihre eigenen Interessen: Ökonomisch und geostrategisch, gesellschaftlich und militärisch. Wer als Freund nicht mitmacht, wird als Feind bekämpft.

- **Beispiel: Die Unterjochung anderer Völker**

Es gibt keinen Kulturraum, der mehr Krieg und Leid in die Welt gebracht hat als der der abendländisch europäische. In Ihrer Gier nach immer mehr Reichtum und Macht unterjochten die europäischen Eroberer in der Zeit zwischen 1500 und 1920 die Mehrzahl der Regionen und Völker dieser Erde. Dabei gab es kaum eine Form von Verbrechen, von Zwang, von Gewalt und Versklavung, die im Laufe der Zeit nicht angewandt wurde.

Historisch gesehen zählt das Christentum mit zu den gewalttätigsten Religionen. Es war mehr Schwert als Liebe, mit der der Glaube verbreitet wurde – einhergehend mit der Überzeugung, von Gott auserwählt zu sein.

- **Beispiel: Der Krieg gegen den Terror**

2001 haben die USA den Krieg gegen den Terrorismus ausgerufen. Heute (2020) – ca. 2,4 Billionen US-Dollar später, mit ca. 2-6 Mio. überwiegend muslimischen Toten (die Zahl der nicht muslimischen Opfer ist im Vergleich dazu sehr gering) – sind die Gefahren nicht kleiner sondern eher größer. Die USA haben bei Weitem das größte Militärbudget, besitzen weltweit ca. 95% aller Militärstützpunkte (etwa 1.000) und haben bisher als einzige Atombomben gezündet und damit Hunderttausende getötet.

Wer will da noch an angeblich friedliche Absichten des Westens glauben?

- **Schlechtes Beispiel: Bestimmen fortan die Nachahmer?**

Niemand sollte sich heutzutage darüber wundern, wenn andere Völker und Nationen dem mit allen Mitteln nachzueifern versuchen, um selber nicht mehr länger Opfer der verheerenden Interessen-Politik des Westens zu sein, sondern selber endgültig vom Amboss zum Hammer zu werden.

Wie viele Jahrhunderte fände dann das Gleiche unter anderen Vorzeichen statt? Gibt es eine Chance, diese klar logische Entwicklung aufzuhalten?

♦ Sollte der Westen möglichst zeitnah verstehen, welch Leid und Unglück er neben natürlich auch dem Positivem in die Welt gebracht hat, sollte er ehrlichen Herzens glaubhaft und für jeden nachvollziehbar seine Schuld einsehen und alles dafür tun, zumindest in Gegenwart und Zukunft sich aufrichtig um das Wohl aller zu kümmern, nur dann bestünde evtl. die einzige Chance, auch andere bei diesem Erkenntnisprozess mitzunehmen.

♦ Eine Garantie für das Gelingen gäbe es nicht, wohl aber eine authentisch ehrliche Einladung zu einer ausgewogenen und friedlicheren Welt.

Positionen

Meine Position
ist nicht deine Position.
Wir sollten uns einander nähern.
Aber wie und nach welchen Regeln?
Nicht selten wird das Verlassen des eigenen Standpunkts
vom anderen als Schwäche angesehen,
das auf den anderen Zugehen
als in Frage stellen der eigenen Position.
Wir sollten uns beide treffen.
Wo aber liegt unsere Mitte,
und nach welchen Kriterien legen wir sie fest?

Wer vor allem macht den ersten Schritt?
Es gibt Menschen, die nur darauf warten,
dass sich der Andere zuerst bewegt,
damit sich durch dessen neuen Standpunkt
eine bessere rechnerische Mitte ergibt,
zum eigenen Vorteil natürlich!
Die gesuchte Mitte liegt jetzt nicht mehr in der Mitte
sondern weit in der eigenen Hälfte.
Das aber ist der Grund dafür,
dass sich niemand mehr traut,
den Anfang zu machen.
Wo aber kommen wir hin,
wenn sich keiner mehr bewegt?

Beim Feilschen ist es vielleicht notwendig,
bis zum Äußersten zu gehen und dort zu verharren,
wenn man sich in der Mitte treffen möchte.
Ist aber menschliches Leben ein einziger Deal,
oder menschliche Kommunikation
das Feilschen um jeden Zentimeter?
Kann man um die „Mitte" handeln,
wie um den Preis eines Teppichs?
Oder ist der angemessene Punkt
nicht etwas Selbstständiges,
so ziemlich unabhängig
von unseren Standpunkten?

Dem, was wirklich anliegt,
sollte man sich auch im Miteinander
im Dienst der Sache uneigennützig öffnen.

Selbstüberschätzung

„Meist nur für den Nebenmenschen ist die Dummheit eine Last,
denn der wack´re Dumme selber trägt sie würdig und gefasst.“
(nach Christa Keller-Corvinius, 1922-2018)

Zahlreiche Menschen erkennen ihre eigenen Begrenzungen nicht, da sie nicht selten dazu neigen, ihr Wissen und ihre Fähigkeiten deutlich zu überschätzen. Wohl aber ihre Mitmenschen sehen das und leiden häufig unter dieser Form kognitiver Beschränktheit bzw. unter der „Dummheit".

Mit diesem so genannten „Dunning-Kruger-Effekt" – der besagt: „Je inkompetenter jemand ist, desto weniger ahnt er es." – geht meistens einher, dass solche Menschen umgekehrt die Fähigkeiten von tatsächlich kompetenten Personen nicht erkennen, da sie diese wiederum unterschätzen.

Sind persönliche und gesellschaftliche Veränderungen im Denken und Handeln notwendig, dann ist es unverzichtbar, dass am Anfang die ehrliche Selbsterkenntnis steht: beherzt in der Durchführung, tabulos bezüglich der Aufarbeitung entsprechender Inhalte, klar und besonnen im Ergebnis.

Die eigene Person mit ihren Bedürfnissen, Zielen und Verpflichtungen, mit ihren Stärken und Schwächen, mit ihren Erfolgen und Misserfolgen, die eigene Wahrnehmung, das eigene Denken, die eigene Lernfähigkeit und das eigene Handeln müssen hinterfragt, beurteilt und bei Bedarf entschieden korrigiert werden.

Bei diesem Prozess spielen sowohl Selbstkritik als auch die angemessene Berücksichtigung konstruktiver Kritik durch Dritte – zum Beispiel durch Familie und Freunde, durch Lehrer und Kollegen – eine unverzichtbare Rolle, wenn man nicht fortgesetzt seinen eigenen Fehleinschätzungen auf den Leim gehen und sinnvollem Fortschritt im Weg stehen möchte.

Gelingende Selbsterkenntnis setzt deshalb auch die Kritikfähigkeit der kritisierenden und der kritisierten Person voraus. Kritikfähigkeit „in beide Richtungen" ist heutzutage eine unverzichtbare soziale Kompetenz.

"Der größte Feind des Wissens ist nicht Unwissenheit,
sondern die Illusion, wissend zu sein."
(Stephen Hawking „Zum Tod von Stephen Hawking", 14.3.2018, sueddeutsche.de)

Schwierige Selbstsicht

Es zählt zu den bedeutenden kognitiven Errungenschaften der Menschen,
nicht nur über den eigenen Tellerrand hinauszublicken,
sondern dann auch noch zurückzuschauen zu können
und den eigenen Standpunkt von außen selber kritisch zu betrachten.

Gekrönt wird diese Fähigkeit,
wenn man aus den gewonnenen Erkenntnissen
dann auch noch die angemessenen Schlüsse zu ziehen vermag
und diese künftig in seinem Denken und Handeln berücksichtigt.

Da das den meisten Menschen äußerst schwer fällt,
können konstruktive Hinweise durch Nahestehende,
wenn man für Kritik denn überhaupt empfänglich ist,
als wegweisende Horizonterweiterung sehr wichtig sein.

Was für die nahen Verwandten der Menschen,
was für die Schimpansen das stundenlange Ritual des Lausens ist,
das nicht nur das Fell, sondern auch die Freundschaft pflegt,
das ist für den Menschen das vertrauensvolle Feedback,
das unter Freunden gegenseitig unverzichtbar ist.

Oft ist es ein aufgeblasenes Ego,
das so viele darauf verzichten lässt.
Worauf aber legt man Wert in Zukunft,
auf sein Ego oder auf seine ungetrübte Sicht?
Ist der eigene Fortschritt überhaupt ein angestrebtes Ziel?

Die FehlerKompetenz

Irrtümer und Fehler
sind menschlicher Alltag
und beileibe kein Gesichtsverlust.

Aus Fehlern zu lernen,
bedeutet Stärke, Bereicherung und Fortschritt.
Fehler zu wiederholen,
bedeutet Schwäche, Verarmung und Stagnation.

Fehlende FehlerKompetenz
ist ein verhängnisvoller Fehler,
vor dem man sich bewahren kann,
wenn man selber Fehler sucht, erkennt und anerkennt,
wenn man konstruktive Kritik anderer berücksichtigt
wenn man Fehler korrigiert und künftig vermeidet.

So ist man zwar nicht fehlerlos,
aber um wesentliche Erkenntnisse reicher
und wird zunehmend besser in seinem Tun.

Wenn Menschen
fruchtbar zusammenarbeiten wollen,
ist praktizierte FehlerKompetenz unverzichtbar

Der ErkenntnisProzess

• **ErkenntnisFreiheit** ist, wenn man seine Erkenntnisse und Einsichten möglichst selbstständig erlangt: möglichst unabhängig von jedweder äußeren Beeinflussung und jedweder inneren Voreingenommenheit, möglichst unabhängig von Eigen- und Partikularinteressen und möglichst unabhängig von jedweder einseitigen Sichtweise, in steter Bemühung um Vielsichtigkeit und eine möglichst wirklichkeitsnahe Sicht.

• **ErkenntnisKlugheit** ist, wenn man sich bei diesem Prozess nicht nur auf die eigene Sichtweise, die eigene Selbstsicht und Selbstkritik verlässt, sondern auch die konstruktive Kritik Dritter berücksichtigt, sofern diese denn nach tabuloser, kritisch-offener Prüfung angemessen erscheint.

• **ErkenntnisWeisheit** ist, wenn man diesbezüglich souverän die für den Homo sapiens so typische Diskrepanz zwischen konkreter Erkenntnis und praktischer Handlungskonsequenz überwindet und genau das umsetzt, was man zuvor als notwendig erachtet hat, ohne abermals äußeren und inneren Widerständen zu verfallen – etwas, woran seit eh und je so vieles krankt.

Die Gewissheit im 21. Jh.

Wenn wir Menschen
in unserer Entwicklung entscheidend weiterkommen wollen,
dann darf unser Denken nicht länger ein einseitiges sein,
dann sollten wir jedwede Starrheit in unseren Positionen
und jedwede Sturheit in unserem Verhalten endgültig überwinden
und durch die Flexibilität wissenschaftlicher Vorgehensweise ersetzten:
sich jeweils uneigennützig in den Dienst der Sache
und nicht seines Egos oder anderer Interessen stellen,
sich der Vorläufigkeit seiner Erkenntnisse stets bewusst,
unermüdlich um Vielsichtigkeit und Horizont-Erweiterung bemüht,
zum stetigen Hinterfragen und Neu-Bewerten aller Aspekte in der Lage,
zum Loslassen von bisherigen Positionen jeder Zeit bereit,
lernbegierig und entschlossen zu Fortentwicklung.
Die Gewissheit eines Wissenschaftlers
liegt nicht in immerwährender Eindeutigkeit,
sondern in unaufhörlicher Neugierde und Sorgfalt.

Sand im Getriebe

Es ist keine Kunst,
stets das Gegenteil zu behaupten,
aber es ist ein unschätzbares Vermögen,
Aussagen so zu verstehen,
wie sie gemeint sind.
Es ist keine Kunst,
stets die Ausweglosigkeit zu propagieren,
aber es ist ein unschätzbares Vermögen,
selbst eine geringe Chance
mit all seinen Mitteln zu ergreifen suchen.
Es ist keine Kunst,
Sand im Getriebe zu sein,
aber es ist ein unschätzbares Vermögen,
wichtige Entwicklungen mit anzutreiben.
Man muss kein Pessimist sein,
um den heutigen Zustand
der Menschheit und der Welt
als sehr besorgniserregend einzuschätzen.
Man muss kein Optimist sein, um dennoch
an die Möglichkeit von Veränderungen zu glauben.
Man ist allerdings ein verantwortungsloser Träumer,
wenn man auf Veränderungen hofft,
ohne selber etwas verändern zu wollen.
Der notwendige Wandel
beginnt im Denken und Handeln
eines jedes Einzelnen.
Jetzt!

Der Mauerspäher am Niedertor in Ahrweiler
(Kunstwerk von Otto Kley, 2007, Ahrweiler)

Die begrenzte Sicht der Menschen auf die Wirklichkeit

- Menschen nehmen stets nur Ausschnitte der ganzen Wirklichkeit wahr.
- Darüber hinaus wird ihre Wahrnehmung durch die äußeren Gegebenheiten und durch eine Reihe persönlicher Faktoren beeinflusst.
- So erkennen Menschen nur Fragmente der komplexen Wirklichkeit, und die oft auch noch verzerrt.
- Ohne Abgleich ihrer Wahrnehmung, die stets von denen der anderen verschieden ist, bleiben sie zumeist gefangen in ihrer einseitigen Sicht.
- Obendrein neigen nicht wenige dazu, ihre begrenzte Sicht auch noch als ganze Wahrheit hinzustellen und so ihren Standpunkt zu verabsolutieren.
- Anstatt konstruktiv voneinander zu lernen und sich gegenseitig zu ergänzen, kämpfen sie um die bessere Sicht, weil sie nie gelernt haben, mit Unterschieden und Gegensätzen konstruktiv umzugehen.
- Am Ende leiden darunter alle Aspekte menschlichen Miteinanders.

◆ Fazit

Der Mensch ist nicht bei Sinnen,

er hat weder Sinn noch Verstand,

wenn er die Begrenztheit seiner Sinne leugnet.

Nimmt er aber all seine Sinne zusammen

und die der anderen Menschen auch,

dann kann er deutlich mehr erkennen.

Wer sein Wissen mit anderen teilt,

der verliert nichts – im Gegenteil:

Wenn Wissen geteilt wird,

wird es nicht weniger, sondern mehr!

Gebraucht wird der vielsichtige Mensch,

der mit offenem Blick in die Welt späht,

der möglichst viele Perspektiven berücksichtigt

und deren komplementäres Miteinander zu erkennen vermag.

Das Axiom

Grundprinzip, Prämisse, Paradigma, Grundaxiom:
Die Grundannahme ist meist ein Glaubenssatz,
ein als wahr erachteter Grundsatz,
der unbewiesen ist und unbewiesen bleibt,
der als Ausgangspunkt auf jedwedes Abgeleitete
dennoch den alles entscheidenden Einfluss hat.
Einseitigkeit in diesem Kontext
kann verheerend sein.

Einseitige Grundannahmen
sind unvollständige Fundamente
und damit begrenzte Ausgangspunkte
mit einer beschränkten Zahl an Faktoren.
Logisch darauf aufbauende Schlussfolgerungen
führen zu einem in sich geschlossenen, begrenzten System.
Gedanklich bewegt man sich dort wie ein Hamster im Laufrad,
gefangen inmitten der Einseitigkeit mit der Illusion von Freiheit

Eine komplexe Grundannahme
ist ein vielschichtiges Fundament,
ein uneingeschränkter Ausgangspunkt
mit einer großen Zahl vielfältiger Faktoren.
Darauf aufbauende logische Schlussfolgerungen
führen zu einem nach allen Seiten offenen System.
Gedanklich bleibt man frei, umfassend und realitätsnah,
inmitten der komplexen Wirklichkeit kreativ und konstruktiv.

Das Axiom des ausgeschlossenen Dritten

Die Forderung nach Widerspruchsfreiheit ist auch heute noch die entscheidende Grundforderung für jedwedes geordnete Denken. Demnach können entgegengesetzte bzw. widersprüchliche Standpunkte nicht beide zugleich wahr sein: Ist der eine wahr, dann muss der andere falsch sein. Eine andere, dritte Möglichkeit darf es per Definition nicht geben. Diese wird kategorisch ausgeschlossen. Als wissenschaftlich gilt nur, wenn diese Grundregel bei allen Schritten peinlich genau eingehalten wird.
Wird darauf verzichtet, lässt sich ein wissenschaftlicher Anspruch nicht mehr aufrechterhalten. Dieses Grundprinzip betrifft nicht nur das wissenschaftliche Arbeiten, sondern auch das menschliche Denken überhaupt. Es ist zugleich verhängnisvoll begrenztes Axiom wie auch Unheil stiftendes Korsett des Denkens. Inzwischen aber ist es unumgänglich, dass der Mensch zügig die Art und Weise seines Denkens tabulos überdenkt!

Globale Intelligenz

ist die in Vielsichtigkeit wurzelnde Klugheit.
Durch die Orientierung an der Wirklichkeit,
durch die Berücksichtigung vieler Aspekte
jenseits geistiger Selbstbeschränkung
sprengt sie jedwede Einseitigkeit
und überwindet alle Stagnation
im Denken und im Handeln.

Der Homo oeconomicus

Das Menschenbild eines einsamen, asozialen, eiskalten Egoisten,
geltendes Grundaxiom der kapitalistischen Marktwirtschaft,
Vorgabe für alle Lehrsätze, Formeln und Berechnungen,
für jedwedes wirtschaftliche Denken und Handeln.

In den klassischen Wirtschaftswissenschaften gilt der Mensch als geborener Egoist, der grenzenlose Bedürfnisse hat und stets nur seine eigenen Interessen verfolgt. Dabei versucht er, bei allem, was er tut, rational kalkulierend mit kleinstmöglichem Einsatz den größtmöglichen Nutzen bzw. Gewinn zu erzielen. Der Mensch gilt durch und durch als Egoist.

Was man im Leben Habgier nennt, nennen die Ökonomen „Nutzenmaximierung" bzw. „Gewinnmaximierung" und sehen darin die oberste Tugend eines wirtschaftlich handelnden Menschen, der ausschließlich nach ökonomischen Gesichtspunkten handelt. Diesen Menschen gibt es nicht.

Obwohl das inzwischen auch viele Ökonomen so sehen, halten sie am Homo oeconomicus als logischem Ausgangspunkt krampfhaft fest.

Obwohl man ein System verlassen muss, das im Kern schlecht ist, macht man diesen Schritt noch immer nicht – mit all den verheerenden Folgen.

„Ebenso wie das Gebot

»du sollst nicht töten«

eine deutliche Grenze setzt,

um den Wert des menschlichen Lebens zu sichern,

müssen wir heute ein »Nein zu einer Wirtschaft

der Ausschließung und der Disparität der Einkommen« sagen.

Diese Wirtschaft tötet."

Papst Franziskus (geb. 19369)

(Apostolisches Schreiben „Evangelii Gaudium", Papst Franziskus, 24.11.2013, Vatikan)

Das harmonische Miteinander und das Wohl aller Menschen sind zumindest in der Theorie gleichermaßen Ziele von Kapitalismus und Kommunismus. Allerdings unterscheiden sich die Vorstellungen vom Weg dorthin kolossal. Inzwischen aber hat die Praxis faktisch bewiesen, dass keiner dieser in der Wurzel einseitigen Wege seinen Zielen gerecht wird.

Bei zwar hoher Effizienz, aber unzureichender Nutzenverteilung steht der Kapitalismus für gewaltige soziale Ungleichheit. Bei niedriger Effizienz, allerdings ausreichender Nutzenverteilung steht der Kommunismus für die Unterjochung der persönlichen Freiheit.

So ist in der Zukunft ein realitätsnahes Menschenbild gefragt, das als Ausgangspunkt allen wirtschaftlichen Denkens und Handelns nicht länger einseitig nur auf Egoismus oder nur auf Altruismus setzt.

"Wenn ich den Armen zu essen gebe,

nennen sie mich einen Heiligen,

aber wenn ich frage,

warum die Armen nichts zu essen haben,

schimpfen sie mich einen Kommunisten"

Hélder Câmara (1909-1999)

(Brasilianischer Erzbischof, Mitbegründer der „Kirche für die Armen", nach: „Die Geburtsstunde der Befreiungstheologie vor 50 Jahren, Die Revolution der Bischöfe", Susann Kreutzmann, 24.08.2018, domradio.de)

Kooperation

Es braucht viele Hände,
bis man einen dieser köstlichen Ahrweine genießen kann.
Es braucht nicht nur die mühsame Pflege der Trauben,
es braucht das richtige Werkzeug und die passenden Transportmittel,
es braucht das Glas, den Korken und den Korkenzieher.
Es braucht unglaublich viele Hände.
Es braucht dafür den Menschen,
den evolutionären Meister der Kooperation,
der nur durch zielgerichtete Zusammenarbeit
vom Baumkletterer zum Weintrinker und Weltraumfahrer werden konnte.
Es ist an der Zeit, sich dieser unschlagbaren Fähigkeit erneut zu besinnen
und schnell wieder vom gnadenlosen Egoismus loszulassen,
wenn man den Herausforderungen des 21. Jhs. erfolgreich begegnen will.
Es ist jetzt an der Zeit, die Lösung der Aufgaben ins Zentrum zu stellen,
anstatt fortwährend Ego, Gier und Selbstsucht zu frönen.
Der Mensch ist viel mehr als ein rücksichtsloses Wesen,
er ist sich gegenseitig „Mundschenk",
von der Geburt bis zum letzten Atemzug.
Wie konnten wir das je vergessen?

Der Mensch ist von seiner Natur her nicht nur Egoist. Er ist ein vielschichtiges Wesen, das naturgemäß sowohl eigennützige als auch uneigennützige Wesenszüge in sich trägt. Es sind einseitige, widernatürliche Irrlehren, die ihm mit Nachdruck etwas anderes einzureden versuchen.

Bei der Kooperation mit anderen Menschen auf gleicher Augenhöhe bedenkt er nicht nur seinen Vorteil, sondern auch den des anderen. Fruchtbare Kooperation bedeutet, dass am Ende alle Beteiligten zufrieden sind.

• Der Mensch ist einzigartiges Individuum, aber kein einzigartiger Egoist.

• Jeder Mensch braucht zum Überleben die Gemeinschaft mit anderen.

• Die Menschheit braucht zur sinnvollen Fortentwicklung Kooperation.

• Als Teil der Natur, sollte der Mensch natürlich auch mit ihr kooperieren.

• Gebraucht wird eine Gesellschaft, in der Individuum und Gemeinschaft ausreichend Beachtung finden.

• Gebraucht wird eine Gesellschaft, die Eigen-, Fremd-, Gemein- und Universalwohl je nach Situation angemessen zu berücksichtigen vermag.

Rahmenbedingungen für gelingende Kooperation
(Frei nach den hervorragenden Studien von Robert Axelrod, geb. 1943, USA)

1) Man bietet grundsätzlich immer seine Bereitschaft zur Kooperation an.

2) Solange der andere fair und verlässlich kooperiert, bleibt man selber ebenfalls ein fairer und verlässlicher Kooperationspartner.

3) Bricht der andere die Kooperation ab, beendet man selber auch sofort die weitere Zusammenarbeit.

4) Zu keinem Zeitpunkt lässt man sich einseitig ausnutzen.

5) Führt der andere die Kooperation aber wieder fort, tut man dieses auch.

6) Das Ziel gelingender Kooperation ist, alle Seiten zufrieden zu stellen.

Der Erfolg liegt in der grundsätzlichen Bevorzugung von Kooperation, in einhundertprozentiger Verlässlichkeit, in äußerster Wachsamkeit und in glasklarer Reaktion auf Nichtkooperation. Trotzdem sollten Kommunikation, Verständnis und Empathie in der Lebenswirklichkeit nicht fehlen.

Wenn Du schnell gehen willst, dann geh alleine.
Wenn Du weit gehen willst, dann musst Du zusammen mit anderen gehen.

(afrikanische Weisheit)

Empathie

Jede Begegnung zwischen Menschen blüht auf und bleibt in wohltuender Erinnerung, wenn man auf einen anderen Menschen trifft, der einen auch ohne viele Worte versteht und der genau so, wie man gerade ist, völlig angemessen auf einen reagiert, so als würde man sich schon lange kennen. Gelingt es einem selber, dieser Person in gleicher Weise zu begegnen und sie als Ganzes zu erfassen, dann ist man für einen Augenblick befreit aus seiner inneren Glocke und verbunden mit einem anderen Menschen. Solch gelingende Kommunikation berührt und erhellt den Tag, auch wenn einem dass unerwartet an einer Supermarktkasse widerfährt. Freude entsteht.

Empathie ist die Kunst, andere Menschen so zu verstehen, wie sie wirklich sind. Sie ist die ausgezeichnete emotionale und kognitive Fähigkeit, sich in andere Menschen hineinzufühlen und hineinzudenken, dabei die Sicht der anderen einzunehmen, deren Situation, Fühlen, und Denken, deren Beweggründe und Verhalten nachzuvollziehen und angemessen darauf zu reagieren. Man sieht die Welt dann mit „anderen" Augen.

Das eigene Ich mit all seinen Sichtweisen und Interpretationen der Wirklichkeit tritt dabei in den Hintergrund, damit der Perspektivwechsel so ermöglicht wird. Empathie bedeutet mehr als das Mitempfinden der Gefühle eines anderen, es geht um das Nachvollziehen der Gründe für diese.

„Bewahre mich davor,
einen anderen zu verurteilen,
bevor ich nicht eine Meile
in seinen Mokassins gelaufen bin."
(indianische Weisheit)

Empathielosigkeit
ist Abschottung
vor der Wirklichkeit der Welt.
Wer den anderen nicht sieht,
verharrt einseitig in den Mauern
seiner eigenen beschränkten Sicht.
Er ist und bleibt beschränkt

Empathie gilt heutzutage als Schlüsselkompetenz emotionaler Intelligenz. Sie wird gefördert durch empathisches Verhalten der Eltern vor allem im Kleinkindalter. Durch Anwendung und entsprechendes Training lässt sie sich im Erwachsenenalter vertiefen oder sogar teilweise noch erlenen.

• Empathie erfordert, dass man sich für einen anderen Menschen wirklich interessiert. Menschen, die schwere Verbrechen begehen (wie Mord, Vergewaltigung, Kindesmissbrauch etc.) sind meistens unfähig zur Empathie. Empathie-Training für Häftlinge halbiert die Rückfallquote. Selbst Narzissten, die meist nur um sich selber kreisen, können Empathie erlernen.

• Empathie verlangt eine gesunde innere Robustheit, damit man selber am Ende nicht hoffnungslos von der Sicht leidender Menschen betroffen ist.

• Empathie kann auch missbraucht werden. Für „Menschenverführer" kann sie zur Waffe werden, wenn sie ihr Wissen um die jeweilige Verfasstheit der Menschen benutzen, um diese wirkungsvoll zu manipulieren.

• Empathie braucht Besonnenheit, damit sie im geeigneten Augenblick im richtigen Maße zur Anwendung kommt. Dann ist sie ein Segen für alle.

♦ Empathie wird in Erziehung und Ausbildung immer noch sträflich vernachlässigt, obwohl sie heutzutage privat und beruflich unverzichtbar ist.

Egozentrik

„Ein Tag, an dem man etwas Neues entdeckt hat,
über seinen Horizont hinaus geschaut hat, ist ein guter Tag. "
(„Liebe Enkelkinder …", 25.11.2018, Alexander Gerst; Video auf Welt.de, 19.12.2018)

Vermutlich hat schon jeder Mensch in seinem Leben einmal staunend vor einem Ameisenhaufen oder einem anderen Insektenstaat gestanden und sich über die pausenlosen Aktivitäten und das geordnete Miteinander dieser unzähligen winzigen Lebewesen gewundert. Hat man sich diesen kleinen Tieren gegenüber dabei nicht unerreichbar überlegen gefühlt, da der eigene Horizont unvergleichlich viel größer erschien?

Weltraumfahrer aller Nationen machen eine ähnliche Erfahrung, wenn sie aus dem All auf die Erde blicken: Schon nach kurzer Zeit, versuchen sie nicht mehr ihr Land oder ihren Heimatort zu erspähen, weil von dort oben einzig die Erde insgesamt als denkbare Heimat ersichtlich wird. Aus dem Weltraum lassen sich keine Grenzen, keine verschiedenen Kulturen, Sprachen oder Religionen erkennen. Aus dieser Perspektive sieht man das geradezu zerbrechlich wirkende „Raumschiff Erde", das im pechschwarzen, lautlosen All mit 100.000 km/h um die Sonne rast. Alle Lebewesen, auch die Menschen, sind gemeinsam die Passagiere. Es gibt keinen anderen Ort, an dem sie länger überleben könnten. Alle sitzen im selben Boot.

Wer aber ist sich dieser Tatsache bewusst? Wer erkennt „mit der Nase auf der Erde" die Beschränktheit seiner alltäglichen eigenen Sicht, die einen die meiste Zeit beharrlich gefangen hält und für die man sogar streitet? Denn Menschen neigen dazu, an ihrer jeweiligen Sicht stur festzuhalten.

• Nach dem viele Jahrhunderte vorherrschenden geozentrischen Weltbild „drehte" sich alles um die Erde, die als Mittelpunkt des Kosmos galt.

• Nach der anthropozentrischen Sichtweise steht der Mensch im Mittelpunkt der Welt. Alles dient dem Menschen und dreht sich nur um ihn.

• Nach der ethnozentrischen Sichtweise steht das eigene Volk bzw. die eigene Nation angeblich allen anderen Völkern überlegen im Mittelpunkt.

• Nach der egozentrischen Sichtweise, die den wenigsten bewusst ist, steht die eigene Sichtweise über allen anderen. Man sieht die Welt nicht nur mit seinen Augen, sondern man interpretiert diese stets auch aus seiner eigenen Sicht. Das eigene Denken gilt für alle und alles als Maßstab für Richtig und Falsch. Man erfährt sich selber als „Hüter des Normalen", wodurch die Vielfalt beschnitten bzw. verdrängt wird. In andere Menschen kann man sich nicht hineinversetzen. Andere Blickwinkel können nicht eingenommen werden. Vieles wird auf sich selber bezogen. Häufig sind es die eigenen Ideen, die den Blick auf die Wirklichkeit verzerren bzw. ersetzen. Es sind nur die eigenen Geschichten, die zählen. Von anderen wird nichts angenommen. Kritik ist für Egozentriker unerträglich.

Egozentrik ist das verkannte soziale Gift der heutigen Zeit. Während man Egoisten oft an ihrem plumpen Ansinnen nach Eigennutz erkennt, kommt die Egozentrik zunächst meist versteckt daher, da sie durch vorgeblich bessere Argumente getarnt wird. Oft genug fällt man darauf herein.

Egozentriker – die Ausprägungen von Egozentrik reichen fließend bis hin zur behandlungsbedürftigen Krankhaftigkeit – sind überall in der Welt direkt oder indirekt Ausbremser einer vielsichtigen Denk- und Handlungsweise, die aber angesichts der globalen Aufgaben unverzichtbar ist.

Es ist dringend an der Zeit, dass die Egozentrik als vordringliches gesellschaftliches Problem erkannt, anerkannt und thematisiert wird. Die Zeiten akzeptierter egozentrischer Sichtweisen müssen definitiv vorbei sein.

♦ Von Edgar Mitchell (Astronaut und Mondbesucher) stammt der Ausspruch, dass man als Techniker zum Mond geflogen und als ein von Zuneigung für alles Humane erfüllter Mensch zurückgekehrt sei. Die beiden deutschen Astronauten, Alexander Gerst und Ulrich Walter, „träumen" davon, dass am besten jeder die Erde einmal aus dem All sehen sollte: So begreife man deren Bedrohtheit und es gäbe wohl keine Kriege mehr.

Wer wirklich will, kann auch so lernen, seine Egozentrik zu überwinden.

Die Dynamik der Gegensätze

Kein Leben ohne Gegensätze: ohne Tag und Nacht, ohne Frühling und Herbst, ohne Sommer und Winter, ohne Geburt und Tod, ohne Jugend und Alter, ohne Gesundheit und Krankheit, ohne Stärke und Schwäche, ohne Freude und Trauer. Ohne Gegensätze existierte keine Vielfalt, weder im Leben noch in der Natur, ohne Vielfalt gäbe es kein Leben im Universum.

Das dynamische Miteinander von Gegensätzen ist wie das Naturgesetz des Lebens. Das harmonische Gleichgewicht besteht nicht in ausbalancierter Stagnation, sondern im unaufhörlichen harmonischen Wechsel.

Es ist einzig der Mensch, der sich in seinem Denken eine künstliche Welt der sich gegenseitig ausschließenden Elemente geschaffen hat. Oft ist er hoffnungslos gefangen in seiner Entweder-oder-Welt, die andere Möglichkeiten kategorisch ausschließt. Jetzt aber braucht er Vielsichtigkeit.

Yang

Mann, Himmel, Sonne,
Licht, Tag,
Wärme, Sommer,
Aktivität, Fülle, Leben

Yin

Frau, Erde, Mond,
Dunkelheit, Nacht,
Kälte, Winter,
Passivität, Leere, Tod

In der chinesischen Philosophie gelten Yin und Yang weder als unversöhnliche Gegensätze noch als Aufteilung des Universums in zwei konträre Kategorien: etwa dem Männlichen als ewigen Ausdruck von Licht, Aktivität und Leben und dem Weiblichen als Inbegriff von Dunkelheit, Passivität und Tod. Garantiert nicht! Das wäre eine absolute Missdeutung!

In der Auflistung der unterschiedlichen Aspekte werden scheinbare Gegensätze gegenübergestellt, die in der Wirklichkeit des Lebens untrennbar miteinander verbunden sind und die durch ihr gegenseitiges Wechselspiel alle Erscheinungen des Universums erschaffen. Ihr ständiges Miteinander, ihre dynamische Harmonie, ist weit von einem statischen Mischungsverhältnis von 50/50 entfernt und umfasst stets beide Extreme wie auch unzählige Zwischenstufen. Der Wechsel von Tag und Nacht, zum Beispiel, umfasst die Extreme Mittag und Mitternacht und viele andere Zeiten auch, die jeweils ein bestimmtes Mischungsverhältnis der beiden Extreme sind.

Globale Intelligenz
Vielsicht – Einsicht – Weitsicht

♦ **Definition**

Unter Globaler Intelligenz wird die erlernbare Fähigkeit verstanden, mit den zahllosen Unterschieden und Gegensätzen der Lebenswirklichkeit konstruktiv umzugehen und diese angemessen in allen Lebensbereichen im Denken, Fühlen und Handeln zu berücksichtigen.

• Globale Intelligenz ist die Klugheit, die in der Vielsichtigkeit wurzelt, durch die sich jedwedes einseitige Denken überwinden lässt und die im Sinne der jeweiligen Angelegenheit eine besonnene Vorgehensweise ermöglicht.

• Globale Intelligenz umfasst die kognitiven, emotionalen und soziokulturellen Fähigkeiten, die Vielfalt der Wirklichkeit zu erkennen und anzuerkennen, dabei auch scheinbar widersprüchliche Faktoren angemessen zu berücksichtigen und diese der jeweiligen Situation entsprechend sinnvoll miteinander abzuwägen (Gegensatzergänzung, komplementäres Denken).

• Globale Intelligenz ist der unverzichtbare Schlüssel für zeitgemäße und zukunftsweisende Antworten auf die Fragen und Probleme der Menschen im 21. Jh.

• Globale Intelligenz ist dem gesunden Menschenverstand in der Regel nicht unbekannt, wird in der Praxis aber meist ohne Bewusstheit des Prinzips angewandt.

♦ **Fazit**

Ohne Globale Intelligenz sind heutzutage alle wichtigen Maßnahmen auf Dauer zum Scheitern verurteilt, da sich diese sonst gewöhnlich nur an einseitigen Positionen bzw. an Einzelinteressen orientieren und eben nicht der notwendigen seriösen Sachlichkeit und der möglichst umfassenden (globalen) Sicht genügen. Erfolgreiche Veränderungen beginnen daher in nahezu allen Bereichen mit der Bemühung um Globale Intelligenz, die für das Gelingen von Kooperation, der Basis für das Akzeptieren von Wandel, ebenso unverzichtbar ist. Das gilt heute und morgen, lokal und global und verdient adäquate Aufmerksamkeit und Kompetenz.

„Je weniger Weite ein Mensch in seinem Denken und Empfinden besitzt,
desto weniger wird er in der Lage sein,
die ihn unmittelbar umgebende Wirklichkeit zu deuten.
(Papst Franziskus, „Enzyklika Fratelli Tutti", Nr. 147, 3.10.2020, vatican.va)

Der Homo multividus

Der vielsichtige Mensch
ist die lang ersehnte Antwort
auf die verheerende Einseitigkeit
des eingebildeten Homo sapiens.

Für ihn gelten einseitige Weltsichten
nicht länger als allseits beglückend.
Dagegen wird die Notwendigkeit anerkannt,
auch konkurrierende Sichtweisen zu berücksichtigen.

Der vielsichtige Mensch ist dazu bereit,
Unterschiede und Gegensätze zu ertragen,
und er ist dazu in der Lage,
ihr fruchtbares Miteinander zu erkennen.

Seinerseits berücksichtigt er ein Maximum.
Er beachtet und hinterfragt, er bedenkt und berücksichtigt
möglichst viele Aspekte – so verschieden sie auch sein mögen.
So kann er einseitige Sicht- und Denkweisen überwinden.

Aus Wahrhaftigkeit schreckt er nicht davor zurück
auch Traditionen und vermeintliche Wahrheiten
tabulos – aber integer – auf den Prüfstand zu stellen
und nach intelligenteren Antworten zu forschen.

Der vielsichtige Mensch ist ein einfühlsames Individuum,
mit lernendem Charakter, sozialer Natur und besonnenem Gemüt.
Er kommuniziert und kooperiert auf gleicher Augenhöhe.
Er ist ein Meister der Ausgewogenheit.

Er öffnet sich der ganzen Wirklichkeit
und achtet Mensch und Natur so,
wie er selbst geachtet werden möchte,
ohne die Achtung seiner selbst zu vernachlässigen.

Der vielsichtige Mensch verinnerlicht seine Erkenntnisse
und überträgt diese mit Umsicht auf sein Handeln.
Sein Wirken steht im Dienst der jeweiligen Angelegenheit
und nicht länger im Dienst der eigenen Interessen.

Der vielsichtige Mensch, der Homo multividus,
steht für ein künftig fruchtbares Miteinander
von Mensch, Menschen und Natur.
Er ist der Schlüssel für die Probleme des 21. Jhs.

Intelligente Übereinkunft statt Kompromiss

Unter einem Kompromiss versteht man im Rahmen von Auseinandersetzungen zwischen zwei oder mehreren Parteien eine freiwillige Einigung,
bei der in der Regel jede Seite auf einen Teil ihrer Maximalforderung
zugunsten eines möglichen Mittelweges verzichtet. Dabei werden durch
gegenseitige Zugeständnisse die unterschiedlichen Interessen so stark wie
möglich berücksichtigt. Schafft man dies, spricht man von einem fairen
Kompromiss. Geschieht dies allerdings unausgewogen zugunsten einer
Seite, spricht man von einem faulen Kompromiss.

Kompromisse stellen in der mentalen und sozialen Entwicklung der
Menschheit einen klaren Fortschritt in Bezug auf friedfertige Klärungen
von Meinungsverschiedenheiten dar. Zum Beispiel würde Politik im
Rahmen liberaler Demokratien und im Rahmen internationaler Politik
nicht ohne Kompromisse funktionieren.

Interessanterweise wurde und wird zum Teil auch heute noch der Kompromiss nicht durchgehend als positiv bewertet. Es gab und gibt Kulturen, da gelten Prinzipienfestigkeit, Unnachgiebigkeit und Kompromisslosigkeit als erwünschte Charakterstärke. Noch heute wird in den USA der Kompromiss als etwas angesehen, bei dem alle Beteiligten verlieren, also als etwas Negatives.

In vielen anderen Kulturen wird der Vorteil für alle Seiten der am Kompromiss Beteiligten in den Mittelpunkt gestellt.

Begegnen sich Menschen mit der gesunden Haltung, „Leben und leben lassen!", bemühen sie sich also um eine „Win-win-Situation", bei der alle Beteiligten den größtmöglichen Nutzen haben, dann sind Kompromisse einhergehend mit gegenseitigem Respekt und gegenseitiger Wertschätzung eine wertvolle bzw. eine unverzichtbare Grundlage von Kooperation.

Hinterfragt man Kompromisse allerdings einmal tabulos, so ist bei allen Vorteilen aber auch ein grundlegender Schwachpunkt zu erkennen: Häufig geht es an erster Stelle um das Zufriedenstellen der beteiligten Personen und deren Interessen. Jeder möchte etwas bekommen, jeder möchte sein Gesicht wahren, niemand möchte am Ende als Verlierer dastehen, weil er auf zu viele seiner eigenen Ansichten und Forderungen hat verzichten müssen. Es geht also mehr um einen selber als um die Sache.

Im Zusammenhang mit der Praxis von globaler Intelligenz eröffnet sich aber ein neuer, wesentlich fortschrittlicher Umgang mit zwischenmenschlichen Einigungen: Statt um eine „Übereinkunft durch gegenseitige Zugeständnisse" (s. Duden: „Kompromiss") geht es dann um eine „intelligente Übereinkunft", bei der ungetrübt die qualitativ bestmögliche Klärung der jeweiligen Angelegenheit im Fokus der Bemühungen steht und nicht länger die bestmögliche Zufriedenstellung Einzelner durch Zugeständnisse.

Wenn sich in diesem Sinne ein jeder uneigennützig in den Dienst der Sache stellt und im klaren Verständnis von Vielsichtigkeit und Globaler Intelligenz sein Wissen und seine Fähigkeiten konstruktiv in den Klärungsprozess mit einbringt, dann können umfassende Lösungen erzielt werden, die an Qualität alles Bisherige in den Schatten stellen.

Das ist die Art von Besonnenheit, von Vielsicht, Einsicht und Weitsicht, die im 21. Jh. zum Maßstab werden sollte, wenn man reell all die anstehenden elementaren Probleme so effektiv wie möglich angehen will.

Wahrheit – die Grundlage der Demokratie

• Dass Menschen dazu bereit sind, fundierte Fakten als allgemein verbindliche Tatsachen anzuerkennen, ist die Grundlage einer funktionierenden freiheitlichen Gesellschaft.

• Die Schlüsse, die man aus diesen zieht, sind normalerweise Gegenstand seriöser gesellschaftlicher Auseinandersetzung und nicht das Ergebnis ideologischer Beeinflussung.

• Sind aber belegbare Fakten als Gestaltungsbasis nicht länger Konsens in einer Gesellschaft, da die Lügen zunehmend die Wahrheit verdrängen, dann wird auf Dauer dem gesetzlosen Chaos der Anarchie oder aber autoritär geführten Regimen Tür und Tor geöffnet und damit der Weg bereitet.

• Angebliche „alternative Fakten" sind weit davon entfernt, Tatsachen zu sein. Stattdessen sind sie nichts weiter als nützliche Betrachtungsweisen ganz im Sinne der um Einfluss buhlenden Interessengruppen.

• Fakes sollen möglichst viele Menschen manipulieren. Oft sind sie der Beginn praktizierter Meinungsdiktatur, ein Vorbote autokratischer Systeme. Wahrheit ist fortan zum beliebigen Kampfbegriff verkommen.

• In einer Anarchie macht jeder das, was er für richtig hält. In einer Diktatur wird von oben strikt festgelegt, was richtig und was falsch ist. Die Wahrheit in ihrer Gänze wird beschnitten und möglicherweise völlig unterdrückt. Lug und Trug im Auftrag des Regimes haben Hochkonjunktur.

• Eine Demokratie lebt von Wahrhaftigkeit, vom Steben nach Wahrheit, von der Bemühung, sich im Denken und Handeln der Wirklichkeit anzunähern, und nicht davon, diese im eigenen Interesse zurechtzubiegen.

• Es ist von entscheidender Bedeutung, dass sich die Bürger einer Demokratie dieser Gefahr bewusst sind und nicht auf all die Fakes hereinfallen. Besonders hierbei sollten sie sich gegenseitig unterstützen.

• Eine Demokratie von sich aus ist fragil. Sie ist nur so stark, wie die Mehrzahl ihrer Bürger. Deshalb ist es Aufgabe eines jeden, klar zu sein.

• Es ist die Verantwortung eines Bürgers, die Demokratie aufmerksam und entschlossen zu schützen, nur so kann diese erfolgreich überleben.

• Demokratie ist die klügste Antwort für ein gelingendes Miteinander der Menschen. Sie muss sich aber fortentwickeln, damit sie das auch bleibt.

„*Wenn es uns nicht gelingt, diese gemeinsame Leidenschaft für eine zu-sammenstehende und solidarische Gemeinschaft wiederzuerlangen, der man Zeit, Einsatz und Güter widmet, wird die weltweite Illusion, die uns täuscht, verheerend zusammenbrechen und viele dem Überdruss und der Leere überlassen.* " *(Papst Franziskus, „Enzyklika Fratelli Tutti", Nr. 36, 3.10.2020)*

Die Menschensonne

Das Erfolgsprinzip der Natur ist ihre grenzenlose Vielfalt.
Das Misserfolgsprinzip der Menschen ist ihre sture Einseitigkeit.
Wenn Menschen ihr Bestes geben,
kann auch das Beste realisiert werden.
Kooperation ist der evolutionäre Schlüssel
für das menschliche Miteinander auch im 21. Jh.

Die Erkenntnis, dass die Menschheit im 21. Jh. vor einer Vielzahl schwerwiegender, bisher ungelöster Probleme steht, die massiven Einfluss nicht nur auf die kommenden Generationen, sondern auch auf die Zukunft des Planeten Erde insgesamt haben, drängt sich immer mehr Menschen unausweichlich auf. Besonders in einer Zeit, in der angesichts der Komplexität derartige nationen-übergreifende Probleme nur noch global gelöst werden können, kommt es genau jetzt auf jeden einzelnen Menschen an, und zwar genau dort, wo dieser steht und mit dem, was er kann.

Sind Ziel und Richtung – z. B. eine freiheitliche, sozial und ökonomisch ausgerichtete Gesellschaft, die auf Kooperation aufbaut – erst einmal klar benannt, sollten möglichst viele in möglichst vielen Bereichen an der schrittweisen Umsetzung teilhaben, damit diese auch gelingen kann. Der Fortschritt der Menschheit liegt also in den Händen sehr vieler Menschen.

Gebraucht wird die Menschensonne der Besonnenen, die lernen, fruchtbar miteinander ehrlichen Herzens zu kooperieren, die bereit sind, ihr Wissen und ihr Können uneigennützig in den Dienst der zu bewältigenden Aufgaben zu stellen – also unabhängig von ihrem Ego und irgendwelchen Partikularinteressen –, die so Entwicklungen zum Wohl von Mensch und Natur ermöglichen, die in den heutigen egoistischen Zeiten unvorstellbar sind.

Die Menschensonne ist die Zukunft der Menschheit.

In diesem Zusammenhang sollte jeder dazu bereit sein, sich um die Überwindung seiner Einseitigkeit, seines Egoismus und seiner Egozentrik zu bemühen. Nur so lassen sich menschliche Starre und Begrenztheit überwinden und hoffentlich noch das Schlimmste abwenden bzw. abmildern.

Die Teilhabe an der Menschensonne wird jeden mit neuem Sinn erfüllen.

Die Arroganz der Einseitigen vs. Menschensonne

1) Obwohl alle technischen Mittel und alles notwendige Wissen vorhanden sind, kommen die Menschen in Bezug auf die Lösung der eklatanten Probleme im 21. Jh. nicht wirklich weiter. Unter anderem auch deshalb, weil viele – oft sogar mit sturem Nachdruck – immer weiter nur um den heißen Brei herum reden, anstatt auf den Punkt zu kommen und tatsächlich angemessen Substanzielles beizutragen – warum auch immer.

2) Nach wie vor werden Interaktionen im Kleinen wie im Großen immer wieder – bewusst oder unbewusst, direkt oder indirekt – durch die Arroganz der Einseitigen dominiert und angemessene Vorgehensweisen und Entscheidungen nachdrücklich behindert. Nahezu jede politische Strömung, jede religiöse Gemeinschaft, jede Kultur, jede Gesellschaft, jede Gruppierung und jeder einzelne Überzeugte ist sich sicher, dass ihre bzw. seine Weise, dass ihr bzw. sein Weg der einzig richtige und damit am Ende die unverzichtbare Vorbedingung für nahezu jedwede sinnvolle Entwicklung ist - und zwar für alle und für einen jeden. Wer`s nicht macht wie sie, der kann kaum etwas machen.

3) Die wenigsten Menschen verstehen, dass Ihre Sicht selbstverständlich eine wichtige Sicht, aber nur eine von etwa 8 Mrd. ist. Die wenigsten

Menschen verstehen, dass sie einen wichtigen Beitrag zum Konzert des Ganzem leisten können, dass sie aber alleine weder die Noten vorgeben noch das Amt der Dirigenten bekleiden – auch die von ihnen bevorzugte Gruppe, Gemeinschaft, Institution, Kultur und Religion nicht.

4) Das Lächeln, mit dem sich von der Einzigartigkeit ihrer Sicht Überzeugte meist umgeben, hat mit dem Lächeln eines wissenden, vieles verstehenden, weisen Menschen nichts zu tun. Es ist das Grinsen der Arroganz der Einseitigen. Es ist die Aura vermeintlicher Überlegenheit.

5) Tatsächlich wissende, tatsächlich weise Menschen wissen um die eigene Unzulänglichkeit, Vorläufigkeit, Begrenztheit und damit Verbesserungswürdigkeit ihrer jeweiligen Sicht und sind deshalb stets beseelt von einer alle Unterschiede und Gegensätze übergreifenden kritischen Offenheit, einem nicht zu stillenden Wissensdurst und der Fähigkeit, all die Verschiedenheiten angemessen und klug miteinander zu verbinden. Ihr Lächeln inspiriert und zieht an, während das Lächeln der einseitig Arroganten auf klarsichtige Menschen höchst abstoßend wirkt.

6) Die Menschen im 21 Jh. können sich nur dann angemessen fortentwickeln und aufhören wie paralysiert unentwegt um den heißen Brei herum zu reden, wenn Einzelne ihre Einseitigkeiten überwinden und sich der Vielsichtigkeit zuwenden, wenn sie ihren grenzenlosen Egoismus und ihre erdrückende Egozentrik ablegen und wenn sie dazu bereit und in der Lage sind, ihre Stimme als eine Stimme im Konzert aller zu erfahren. Beim gemeinsamen „Ringen" um angemessene Lösungen – geprägt durch Vielsichtigkeit und globale Intelligenz – ist die fruchtbare Kooperation mit anderen eine alltägliche, unverzichtbare Selbstverständlichkeit.

7) Wer den Nagel künftig auf den Kopf treffen und tatsächlich etwas bewirken will, wer nicht länger seine Zeit und Energie mit "Schattenboxen" rund um den heißen Brei verschwenden will, der sollte sich als Teil der Menschensonne erfahren und genau jetzt und genau dort, wo er steht, mit genau dem, was er am besten kann, über alle Unterschiede und Vorurteile hinweg, im gemeinsamen sinnvollen Austausch uneigennützig sein Bestes geben, damit am Ende das Bestmögliche realisiert werden kann.

8) Das ist die Menschensonne, die lokal und global dringend benötigt wird, damit wir Menschen unser Miteinander und den Umgang mit der Natur künftig klug gestalten und das Schlimmste abmildern bzw. vielleicht sogar verhindern können – nicht irgendwann, sondern jetzt!

„Der Fluss setzt seinen Weg zum Meer fort,
ob das Rad der Mühle gebrochen ist oder nicht."
(Khalil Gibran)

Der Tropfen auf dem Weg zum Meer

Leben ist wie ein ewiger Kreislauf,
wie der Weg des Tropfens:
von der Quelle in den Bach,
vom Bach in den Fluss,
vom Fluss in das Meer,
vom Meer in die Regenwolke,
von der Regenwolke in den Boden,
vom Boden zur Quelle,
von der Quelle …

Kein Tropfen
ist identisch mit einem anderen,
jeder ist einzigartig und verschieden.
Keine Welle
ist identisch mit einer anderen,
jede ist einzigartig und verschieden,
und dennoch sind beide
stets Teile eines großen Ganzen,
einzigartig und vereint.

Kein Tropfen
verweigert sich seinem Weg,
er ist Inbegriff des Loslassens,
Sinnbild einer Identität im Fluss,
Hoffnung und Ausdruck,
dass der Weg das Ziel ist.

Das Altern

Es gibt Augenblicke im Leben,
da wünscht man sich,
um Jahre jünger zu sein,
das Ganze noch einmal vor sich zu haben,
Gegebenheiten anders zu entscheiden,
glückliche Momente intensiver zu erleben,
Probleme nicht so ernst zu nehmen,
Leben einfach neu zu gestalten
und Wege zu gehen,
die glücklicher erscheinen.

Doch woher kommt diese Sicht?
Ist es nicht die Erfahrung,
die uns lehrt?
Ist es nicht das Alter,
das uns eine andere Sicht verschafft?
Ist es nicht unser Bewusstsein,
das wächst und reift?

Warum also hadern wir?

Das Leben hat seinen Sinn,
also auch das Altern.

Wir können nur Vertrauen haben,
bei dem, was mit uns geschieht,
dass es uns unserer Bestimmung näher bringt.

Unsere Weisheit hat ihren Wert,
besonders wenn der Tod uns näher kommt
als die Stunde unserer Geburt es ist.

Es gibt Weg und Ziel,
und wir sind beim besten Willen nicht dazu geschaffen,
an irgendeiner Stelle stehen zu bleiben.

Wir können uns nur den Segen wünschen,
den man braucht,
um weiterzugehen.

Pax multivida

(„Vielsichtiger" Frieden)

Es gibt spirituelle Lehrer,
die darauf hinweisen,
dass man Frieden nicht außen,
sondern innen suchen soll,
dass Frieden tief in einem selber liegt
und dort gefunden werden kann.
Nur dann erfahre der Einzelne
wirklich tiefen inneren Frieden.

Es gibt Romantiker,

die deshalb behaupten,

Frieden auf der Welt

könne nur dann entstehen,

wenn sich jeder selber darum bemüht,

Frieden zu erfahren und im Alltag umzusetzen.

Frieden auf der Welt entstehe also nur

vom Einzelnen ausgehend bis hin zum großen Ganzen.

Es gibt Idealisten,

die fest davon überzeugt sind,

dass eine intelligente Konzeption

und ein entsprechendes Gesellschaftssystem

die Menschen dazu bewegen können

in Frieden miteinander zu leben.

Frieden auf der Welt entstehe also nur

vom Ganzen ausgehend bis hin zu jedem Einzelnen.

Es gibt Realisten,

für die es keine Frage ist,

dass nachhaltiger Frieden auf der Welt

gleichermaßen die persönliche Bemühung

und die intelligente Konzeption

mit dem entsprechenden Gesellschaftssystem benötigt.

Frieden auf der Welt entstehe also nur durch Vielsichtigkeit,

durch das Miteinander vom Einzelnen und vom Ganzen.

Frieden

Frieden ist Frieden.
Er ist ein Zustand, der alles umfasst,
innen wie außen.

Frieden entsteht durch Frieden.
Er ist eine Erscheinung natürlichen Gleichgewichts,
heute wie morgen.

Frieden wurzelt in Frieden.
Er ist Ausdruck von Harmonie,
von Mensch zu Mensch.

Frieden wächst durch Frieden.
Er ist Frucht aller, die sich ihm zuwenden,
für Starke und Schwache.

Frieden braucht Frieden.
Er erblüht im Positiven,
hier und dort.

Frieden kommt von Frieden.
Er ist eine lebendige Inspiration,
im Großen wie im Kleinen.

Frieden ist Geben und Empfangen.
Er ist das harmonische Zusammenspiel aller Pole,
die Gabe und Erfüllung eines Jeden.

Das Gebot der „Nächsten- und Selbstliebe"

Du sollst deinen Nächsten lieben wie dich selbst.
(Altes Testament: Lev 19,18)

Du sollst den Herrn deinen Gott lieben
mit deinem ganzen Herzen und deiner ganzen Seele
und mit deiner ganzen Vernunft.
Das ist das größte und erste Gebot. Das zweite ist ihm gleich:
Du sollst deinen Nächsten lieben wie dich selbst.
(Neues Testament: MT 22,36f)

Das Gebot der „Nächsten- und Selbstliebe", das übrigens nicht zu den Zehn Geboten gehört, umfasst zwei Aspekte: die Liebe zum Nächsten und auch die Liebe zu sich selbst. Die eigene Person und der andere sollen also gleichermaßen von der Liebe erfasst werden.

Die theologisch korrekte und sprachlich durchaus ebenfalls mögliche Bedeutung von *„wie auch"* ist *„und auch"*. Man soll also den Nächsten lieben *„und auch"* sich selbst. In diesem Fall wird *„wie auch"* nicht als

Vergleichspartikel im Sinne von „*genau so wie*" benutzt. Deshalb auch die logische Neu-Bezeichnung: Das Gebot der Nächsten- und Selbstliebe.

In dieser ursprünglichen Bedeutung gilt nicht die Tiefe der Selbstliebe als Maßstab für den Grad der Nächstenliebe – wie dies fälschlicherweise oft angenommen wird –, sondern einzig die bedingungslose Liebe Gottes gegenüber allen Geschöpfen.

Wer nicht liebt, hat Gott nicht erkannt, denn Gott ist die Liebe.

(Neues Testament: 1.Joh. 4,8)

Während ich Liebe und guten Willen auf andere ausstrahle,

öffne ich mir den Zugang zur Liebe Gottes.

(„Wissenschaftliche Heilmeditationen", Paramahansa Yogananda, 2000, S. 107)

Das Gebot der „Nächsten- und Selbstliebe" verliert weitgehend seinen Schrecken als unerfüllbar, wenn man erkennt, dass in vielen Religionen die Liebe im Zentrum steht. Jeder ernstzunehmende spirituelle Weg geleitet den Praktizierenden in die tiefe innere Erfahrung einer unteilbaren Liebe, in der Nächsten- und Selbstliebe quasi automatisch inbegriffen sind, was aber nicht zwangsläufig bedeutet, stets „nett" sein zu müssen.

Neufassung der goldenen Regel

Die Goldene Regel ist als Prinzip fruchtbaren Miteinanders in fast jeder Kultur bekannt. Die folgende aktualisierte Fassung könnte global für jeden Menschen eine Rolle spielen. Sie verzichtet auf religiösen Einfluss und stellt die Achtung in den Mittelpunkt. Liebe ist inspirierender Zusatz.

Öffne dich der ganzen Wirklichkeit

und achte Mensch und Natur so,

wie du selbst geachtet werden möchtest,

ohne die Achtung deiner selbst zu vernachlässigen!

Versuche die Liebe in dir zu entdecken!

Religiöses Fazit: *»Es geht darum, zu einer gesellschaftlichen und politischen Ordnung zu gelangen, deren Seele die gesellschaftliche Nächstenliebe ist.«* (Papst Franziskus, „Enzyklika Fratelli Tutti", Nr. 180, 3.10.2020, vatican.va)

Was sagt eigentlich Gott dazu?

Die meisten Menschen auf der Welt glauben an eine höhere Wirklichkeit, an die absolute Wahrheit, an einen persönlichen Gott oder an ein unpersönliches Etwas, an Götter oder an den Urgrund, an das ewige Weltgesetzt, an das Nichts und an die belebte Leere, die am Ende alles ist ...

Die tiefe Sehnsucht nach der ganzen Wirklichkeit und Wahrheit, nach der Erfahrung des „Höchsten" und „Heiligen" gehört evolutionär gesehen offensichtlich schon länger zu den Grundbedürfnissen der sich entwickelnden Menschen. Wissenschaftler zählen Spiritualität und Religiosität mit zu den charakteristischen menschlichen Wesensmerkmalen.

Man hat bisher kaum eine Kultur auf der Erde angetroffen, in denen es keine Zeugnisse von Religiosität bzw. von Spiritualität gibt. In diesem Zusammenhang findet man zahllose religiöse Schilderungen über die Entstehung der Welt und der Lebewesen, über den Sinn des Lebens und über religiöses Leben auf dieser Erde. Es gibt keine Region, in der man nicht auf heilige Orte, heilige Berge, heilige Wüsten, heilige Flüsse, heilige Tempel, heilige Gegenstände, heilige Schriften, heilige Rituale, heilige Menschen oder das Heilige selber trifft.

Religiöse Lehren gelten als Wege zum Heil, als Wege zum Ganzen. Der Begriff „Heil" bedeutet „unversehrt", „ganz" und „gesund" (in Bezug auf den körperlichen und seelischen Zustand). Der Heilsweg ist also der Weg zum Ganzen, zur Einheit, zum Gesunden – zur Antwort auf alle Fragen.

Verhängnisvollerweise aber behauptet fast jede der religiösen Richtungen von sich, dass sie allein über den einzig wahren Weg zur höchsten Wahrheit verfügt. So leben die Menschen auch in Bezug auf ihre Religiosität und Spiritualität in einer Welt unüberschaubarer Vielfalt und damit voller Unterschiede und Gegensätze, obwohl es ja eigentlich um die höchste Wahrheit geht, die Klarheit in das menschliche Wirrwarr bringen könnte. Aber nicht selten wurden und werden unterschiedliche religiöse Vorstellungen sogar zum Vorwand für Krieg missbraucht. Niemand hat bisher vermocht, diesem religiösen Wahnsinn ein kluges Ende zu bereiten. Viele Menschen fühlen sich religiös bzw. spirituell völlig alleingelassen.

Welcher Gott, welche höchste Wahrheit aber steht über all den anderen?

Könnte es sein, dass es nur einen Gott bzw. nur eine höchste Wahrheit gibt, die am Ende alles überall umfasst, all die unzähligen Vorstellungen?

Sind all die verschiedenen Wege vielleicht Ausdruck des großen Ganzen?

Der Begriff der „Allwirklichkeit" umfasst alle noch so verschiedenen Vorstellungen der Menschen bezüglich des Höchsten: steht für das Persönliche und das Unpersönliche, für das Absolute, für das Souveräne, für das uneingeschränkt Allumfassende, für Anfang, Ende und Ewigkeit, für die Versöhnung aller Gegensätze, für das Heil aller Menschen überall.

Könnte es sein, dass die Idee der Allwirklichkeit vielleicht der religiösen Wirklichkeit am Nächsten kommt? Was wäre dann die Konsequenz?

Wir Menschen sollten uns religiös jetzt um das Wesentliche bemühen, anstatt auch künftig das ewig Gestrige, das Trennende zu zelebrieren!

85

Die Schriftenreihe Globale Intelligenz

www.gloint.de

Die Schriftenreihe beleuchtet in den verschiedenen Bänden aus ganz unterschiedlichen Perspektiven die Schlüsselstellung von Vielsichtigkeit und Globaler Intelligenz für eine künftig fruchtbare Entwicklung der Menschheit. Sie versteht sich gleichermaßen als Informationsquelle und als Anstoß zu einer möglichst breit gefächerten Erörterung wie auch als Inspiration für globale Kooperation im Dienste der eklatanten Aufgaben der Menschheit im 21. Jh.

♦ Die Schriftenreihe Globale Intelligenz beginnt mit der Trilogie Terror sapiens, in der die folgenden Thematiken ausführlich erörtert werden:

1) die globale Vielfalt (*„Terror sapiens I – Von der Einfalt zur Vielfalt"*),

2) die Gefährlichkeit einseitiger, geschlossener logischer Denk-Systeme (*„Terror sapiens II – Terror ist logisch"*),

3) die Wurzeln von Globaler Intelligenz in kultur- bzw. religionsübergreifendem spirituellem Wissen (*„Terror sapiens III – Spirituelle Intelligenz"*).

♦ Das Hauptwerk, *"Das Ende des Wahnsinns – Globale Intelligenz statt Terror sapiens"*, bietet in einem Band einen umfassenden Überblick über einen sinnvollen Umgang mit dem Wahnsinn des 21. Jahrhunderts im Sinne Globaler Intelligenz.

♦ Die Handbuchreihe bringt in vier Bänden die unverzichtbaren vier essenziellen gesellschaftlichen Veränderungen auf den Punkt: die Überwindung von Einseitigkeit, Egoismus und Egozentrik und die künftige Bereitschaft, all sein Können und Wissen uneigennützig in den Dienst der jeweiligen Angelegenheit zu stellen – also unabhängig vom Ego und irgendwelchen Partikular-Interessen. Der Begriff der „Revolution" steht dabei nicht für blutige Umstürze, sondern für zeitnahen, besonnenen, aber grundlegenden Wandel von vielem bisher Gültigen. Für langwierige evolutionäre, historische oder politische Prozesse ist keine Zeit mehr.

♦ Der Bildband, *„Erkenntnislandschaft"*, mit inspirierenden Fotos und kurzen Texten, lädt ein zu einer Meditation über die Thematik der Globalen Intelligenz. Dieser Band stellt die Abrundung der Schriftenreihe dar.

Terror sapiens I – Von der Einfalt zur Vielfalt

In Terror sapiens I wird das Prinzip der Vielfalt – das Grundprinzip der Natur und der Wirklichkeit – an vielen lebensnahen Beispielen aufgezeigt und der gnadenlosen menschgemachten Einseitigkeit, also der strikten „Entweder-oder-Logik", die das eigentliche Grundübel des Homo sapiens ist, gegenübergestellt. Damit ein fruchtbares Miteinander und Problemlösungen gelingen, sollte der Mensch zum vielsichtigen Menschen werden, der mit der Vielfalt – mit Unterschieden und vermeintlichen Gegensätzen – konstruktiv umzugehen weiß.

Die häufig sehr einseitige Sicht- und Denkweise der Menschen ist das zentrale Problem der Menschheit zu Beginn des 21. Jahrhunderts. Sie ist für die meisten der schweren und minder schweren Probleme in der Welt an jeweils entscheidender Stelle verantwortlich. Die verheerenden Folgen lassen sich in allen Lebensbereichen beobachten.

Wer den Wahnsinn in der Welt endgültig überwinden und die zahlreichen Problematiken effektiv angehen möchte, der muss diese Einseitigkeit des Menschen überwinden. Nur so lassen sich die anstehenden Aufgaben sinnvoll und erfolgreich bewältigen.

In diesem Band wird auf gleichermaßen ernsthafte und unterhaltsame Weise die beindruckende Vielfalt in der Welt, die das Erfolgsrezept der Natur schlechthin ist, kulturübergreifend an zahlreichen lebensnahen Beispielen dargestellt und dem Misserfolgsprinzip des selbst ernannten „Homo sapiens", also dessen gnadenlosen Einseitigkeit, gegenübergestellt.

Dabei geht es zum Beispiel um Themen wie die Rolle von Mann und Frau, die kulturell ganz unterschiedlichen Sichtweisen auf die Hautfarbe der Menschen, auf deren Tischsitten und Toilettengewohnheiten, auf deren Traditionsblindheit und Flirtverhalten und um die grundsätzliche Begrenztheit der eigenen Wahrnehmung, die Macht von Vorurteilen, die faszinierende Sicht der Weltraumfahrer auf die Welt und die durch Medien beschnittene Wirklichkeit.

Untermauert mit zahlreichen Erkenntnissen aus den Wissenschaften wird das Fundament gelegt für Vielsichtigkeit und globale Intelligenz, die die Markenzeichen des vielsichtigen Menschen sind. Der so genannte „Homo multividus" ist stets darum bemüht, eine möglichst große Vielzahl von Aspekten konstruktiv zu berücksichtigen. Auf diese Weise kann jetzt die Menschheit das Tor in eine viel versprechendere Zukunft durchschreiten.

Terror sapiens II – Terror ist logisch

In Terror sapiens II wird das Prinzip verdeutlicht, das Fanatismus, Gewalt, Terror und Krieg zugrunde liegt. Es baut auf einseitigen Grundannahmen auf und vermag Menschen in ihrem Fühlen, Denken und Handeln bis hin zum Blutrausch völlig umzudrehen.

Die verhängnisvolle Einseitigkeit vieler Menschen, die Unterwerfung ihres Denkens unter das starre Entweder-oder-Korsett und damit die ungenügende Berücksichtigung der vielfältigen Wirklichkeit verursachen in den unterschiedlichsten Lebensbereichen eine Vielzahl an Problemen.

Meist handelt es sich um geschlossene logische Systeme (Axiomensysteme), die auf einseitigen Grundannahmen beruhen und durch logisch abgeleitete Schlussfolgerungen zu ebenso einseitigen Schlussfolgerungen im Denken und Handeln führen.

Wer beispielsweise felsenfest davon überzeugt ist, dass nur sein eigener Gott der einzig wahre Gott ist, für den kann es am Ende logisch sein, seine Waffe gegen andere zu erheben, die nach seinem Verständnis keinen anderen Gott, sondern schlicht und einfach den Teufel anbeten. Im Krieg wird den Soldaten zumeist eingeredet, dass die Gegner minderwertig sind und man das Recht hat sie zu töten. Jeder Hooligan ist von seiner Mannschaft als einzig wahre überzeugt und sieht sich völlig im Recht, andere zu bekämpfen.

Terror ist immer menschgemacht. Es ist die Einseitigkeits-Besessenheit des angeblichen Homo sapiens in Bezug auf den Umgang mit der Vielfalt, die zu Terror, Krieg, Gewalt und vielem mehr führt, eben zu Terror sapiens. Geschlossene logische Systeme sind in der Lage, Menschen auf dramatische Weise umzupolen: vom Durchschnittsbürger zum Besessenen, bis hin zum Blutrausch-Täter.

Zahlreiche ganz konkrete Beispiele verdeutlichen dieses Prinzip: Verhältnis Mensch-Tier, Fußball, Nationalsozialismus, NATO-Osterweiterung, Ruanda, islamistischer Terror, Terror in Paris, Breivik und andere.

Die Menschen können Terror und Krieg nur dann erfolgreich hinter sich lassen, wenn Sie deren immer gleiches Prinzip (auf beiden Seiten!) erkennen und künftig durch Vielsichtigkeit und Globale Intelligenz ihre Auseinandersetzungen klug und vor allem gewaltfrei lösen können.

Terror sapiens III – Spirituelle Intelligenz

Im Rahmen der Schriftenreihe Globale Intelligenz spielt dieser Band eine zentrale Rolle. Hier wird die essenzielle Sicht vertieft: Das grundlegende Verständnis für Globale Intelligenz, für das Prinzip der Vielfalt und das dynamisch-harmonische Miteinander von Unterschieden und Gegensätzen, hat seine Wurzeln vor allem auch in tiefem spirituellem Wissen, das kultur- und religionsübergreifend rund um den Globus beheimatet ist.

Dieses Wissen um das Prinzip der Vielfalt und das komplementäre Miteinander von Unterschieden und Gegensätzen wurzelt also nicht nur in den verbindenden Erfahrungen der Menschen aus vielen verschiedenen Kulturen, in den Erkenntnissen fortschrittlicher, tabulos wirklichkeitsoffener Wissenschaften, sondern in jahrtausendealten spirituellen Erfahrungen und den daraus erwachsenen Kenntnissen spiritueller Zusammenhänge.

Das allumfassende „Tao" und seine Elemente „Yin und Yang" verdeutlichen dieses Prinzip am klarsten. Aber auch in allen bekannten Religionen kann die absolute Wahrheit – die höchste Wirklichkeit, der Urgrund, das ewige Weltgesetz, das Nirvana, die belebte Leere, Brahman, Allah, Java, Gott usw. – als nicht beschränkt, als allumfassend und als Inbegriff der allgegenwärtigen Vielfalt, der „Allwirklichkeit", verstanden werden.

Verheerend wird es immer dann, wenn die jeweiligen Anhänger einer Religion diese Vielfalt missachten, ihren Glauben als einseitige Weltsicht missbrauchen und sich ausschließlich auf das Trennende konzentrieren. Eine chinesische Weisheit besagt zu Recht: „Der Kluge sieht das Gemeinsame in den verschiedenen Religionen, der Dummkopf die Unterschiede."

Letzteres erzeugt fraglos die von so vielen „Einseitigkeits-Überzeugten" propagierte Unversöhnlichkeit der inhaltlichen Verschiedenheiten mit all den verheerenden, religiös motivierten Folgen: Streit, Ausgrenzung, Unterdrückung, Gewalt, Terror und Krieg.

Solange es keine intelligente Befriedung der Religionen in Bezug auf den Umgang miteinander gibt, solange kann es keine Befriedung der Menschheit geben. Deshalb ist spirituelle Intelligenz in Gegenwart und Zukunft beim Aufbau einer intelligenteren Gesellschaft unverzichtbar.

Zahlreiche Beispiele in diesem Band verhelfen zu einer neuen, völlig unvoreingenommenen Sicht auf das Wesen von Spiritualität.

Das Ende des Wahnsinns,

Globale Intelligenz statt Terror sapiens

Dieser Band ist ein lebensnaher Wegweiser für den Umgang mit dem Wahnsinn des 21. Jhs. Er bietet als Hauptwerk und Essenz der Schriftenreihe „Globale Intelligenz" nach der punktuellen Thematisierung des menschlichen Versagens als Antwort eine Zusammenfassung aller bisherigen relevanten Themen. Im Zentrum stehen die Wiederbelebung des gesunden Menschenverstandes – durch Vielsichtigkeit ergänzt und durch interkulturelle Kompetenz bereichert – ebenso die Reaktivierung der Kooperations-Kompetenz.

Zunächst wird der unfassbare Wahnsinn der Menschen zu Beginn des 21. Jahrhunderts in ganz verschiedenen Bereichen anhand von Fakten verdeutlicht: Von Waffenbesessenheit, Krieg und Terror, über den Skandal des unersättlichen Reichtums Weniger und den daraus resultierenden millionenfachen menschlichen Tragödien, bis hin zum absolut unverantwortlichen Umgang der Menschheit mit ihrer einzigen Heimat Erde.

Damit dieser Wahnsinn überwunden und beendet werden kann ist die Einsicht der Menschen in die gnadenlose Einseitigkeit ihres Denkens und Handelns unverzichtbar. Es gilt die Vielfalt als das Erfolgsprinzip der Natur zu erkennen und dieses Prinzip durch Vielsichtigkeit auf das Wirken der Menschen zu übertragen. Durch Globale Intelligenz lässt sich so der Wahn des Homo sapiens ein für alle Male überwinden.

In den dann folgenden Kapiteln wird das lebensnahe Bild vom Menschen als vielsichtiges, lernendes, empathisches, kommunikatives, kooperatives und spirituell intelligentes Wesen gezeichnet. Das Prinzip der Goldenen Regel, die globale Kooperationsethik und die Gastgeberkultur (anstelle der unsäglichen deutschen Leitkultur) werden thematisiert.

Abgerundet wird „Das Ende des Wahnsinns" durch Antworten auf die Fragen, was der Mensch in den Zeiten von Vielsichtigkeit tatsächlich braucht, wie er Erziehung im Sinne Globaler Intelligenz konkret gestalten und wie der gemeinsame Weg der Veränderungen zeitnah begonnen werden kann.

Das Fazit von allem: „Weggucken bzw. wegducken – ohne mich!"

Handbuch Kognitive Revolution – Der vielsichtige Mensch

Dieses Handbuch beschäftigt sich mit der fast alles dominierenden „Einseitigkeits-Brille" zahlreicher Menschen und der endgültigen Überwindung dieser eklatanten Einseitigkeit – als Voraussetzung für die Lösung der signifikanten Probleme im 21 Jh.

Das starre „Entweder-oder-Denken" – bis heute ein Grundaxiom „westlicher" Logik – ist in vielen Lebensbereichen der Menschen ausschlaggebend. Dabei entpuppt es sich oft als das Grundübel vieler Missstände.

Als wären einseitige Sichtweisen für sich genommen nicht destruktiv genug, so dienen sie immer wieder auch als Axiom für so genannte geschlossene logische Systeme (Axiomensysteme), bei denen jede einzelne Schlussfolgerung innerhalb solch eines Denksystems letztendlich auf der einseitigen Grundannahme basiert. Deshalb kann nichts besser (z. B. umfassender) sein, als der gewählte Ausgangspunkt.

Der Wahnsinn des Homo sapiens, der Terror sapiens, erklärt sich also nicht nur durch einseitige Standpunkte allein, sondern dieser entstammt häufig kompletten Denksystemen, die auf einseitigen Axiomen fußen. Geschlossene logische Systeme haben die Macht, alle Regeln menschlich anständigen Verhaltens außer Kraft zu setzen. In der Geschichte gibt es sehr viele sehr erschreckende Beispiele für das „reibungslose Funktionieren" solcher Denksysteme. Kein Krieg, keine Diktatur, kein Terrorregime, kein Volksverführer kommt ohne dieses Prinzip aus.

Geschlossene logische Systeme können so zum Fluch der Menschen werden. Der Versuch, innerhalb solch eines Systems irgendetwas zu verändern kann immer nur Stückwerk sein und ist zum Scheitern verurteilt. Nach Adorno gibt es kein richtiges Leben im falschen. Es gibt nur den einen Weg: Man muss solch ein System komplett verlassen, wenn es in seiner Wurzel schlecht ist und sich einen umfassenderen, klügeren Ausgangspunkt suchen. Das Ausbessern einzelner Aspekte ist reine Zeit- und Energieverschwendung und stets nur eine Ablenkung vom Wesentlichen.

Dieses erste Handbuch animiert zur Überwindung der verheerenden Einseitigkeit und motiviert zu Vielsichtigkeit und Globaler Intelligenz, ohne die der Mensch keinerlei Chancen zu einem ausgewogenen Miteinander mit anderen Menschen und mit der Natur hat – weder heute noch morgen, weder lokal noch global.

Handbuch Soziale Revolution – Die vielsichtige Gesellschaft

In diesem Handbuch geht es um die Überwindung der folgenreichen, selbst eingeredeten Irrlehre, dass der Mensch von seiner Natur her durch und durch ein Egoist sei, und um den schrittweisen Austausch des auf dieser Irrlehre beruhenden Wirtschaftssystems, der kapitalistischen Marktwirtschaft, und zwar möglichst zeitnah.

Nicht erst seit dem politischen Versagen in Bezug auf eine angemessene Klimapolitik und der Bloßstellung dieser einzig auf Profitgier ausgerichtetem Wirtschaftsordnung im Zusammenhang mit der Corona-Pandemie lässt sich unschwer erkennen, dass eine Gesellschaft, die ihr wirtschaftliches Handeln auf eiskaltem Egoismus aufbaut, sich nicht länger der Illusion hingeben darf, dass es im Miteinander um das Wohl aller geht. Die Mär von der unsichtbaren Hand, die das Marktgeschehen zum Wohl aller regelt, wenn sich jeder nur um seinen eigenen Vorteil kümmert, muss endlich durch realistische, richtungsweisende Konzepte ersetzt werden.

Der Mensch ist evolutionär gesehen ein Meister der Kooperation, sofern man ihm nichts anderes einredet. Diese ausgezeichnete Fähigkeit, die nicht nur seiner evolutionären Prägung, sondern sogar seinem genetischen Setting entspricht, sollte künftig ideell zum Fundament seines gesellschaftlichen und wirtschaftlichen Denkens und Handelns werden.

Gebraucht wird eine umfassende, kluge Wirtschaftsordnung, die sich aus dem gnadenlosen Korsett des Kalten Krieges befreit und nicht länger dem Einseitigkeitswahn der damaligen Zeit verfällt: entweder nur Egoismus oder nur Altruismus, entweder nur kapitalistische Marktwirtschaft oder nur sozialistische Zentralverwaltungswirtschaft – eine andere Möglichkeit gibt es nicht. Die Zeiten dieser eiseitigen Irrlehren müssen definitiv vorbei sein, wenn die Menschheit in ihrer Entwicklung vorankommen will. Auch die liberalen Demokratien brauchen einen seriösen Partner, der nicht nur das Wohl weniger beachtet, wenn sie gesellschaftlich überleben sollen.

Gebraucht wird die freiheitliche, sozial und ökologisch orientierte Kooperationswirtschaft, die den Egoismus und den Altruismus des Menschen zu versöhnen und die Eigen-, Fremd-, Gemein- und Universalwohl (= das Wohl von Menschheit und Natur insgesamt) je nach Situation angemessen zu berücksichtigen versteht. Gebraucht wird „die Erlösung" aus dem katastrophalen Einseitigkeitswahn. Gebraucht wird als Leitbild der auf gleicher Augenhöhe „kooperierende Mensch" statt des Homo oeconomicus.

Handbuch Humanitäre Revolution – Die Globale Intelligenz

In diesem Handbuch geht es um die Überwindung der verheerenden Egozentrik, die in nahezu allen Lebensbereichen Menschen davon abhält, die Wirklichkeit weitgehend so zu erkennen, wie sie ist und nicht wie es die eigene Vorgefasstheit vorgibt. Nur so können sich Vielsichtigkeit und Globale Intelligenz vollends entfalten.

Neben der vorherrschenden Einseitigkeit und dem ausgeprägten Egoismus ist Egozentrik ein weiterer Fluch der Menschheit, den es zunächst einmal überhaupt zu erkennen und dann so gut wie möglich zu überwinden gilt.

Viele Menschen neigen dazu ihre Sicht der Dinge, ihre ureigenen Maßstäbe für Richtig und Falsch, für Angemessenen und Unangemessen, für das Leben überhaupt als gültige Norm für jedermann hinzustellen. Jemand, der dieser Norm nicht entspricht, ist quasi „nicht normal". Nicht nur in unmittelbaren zwischenmenschlichen Bezügen, sondern vor allem auch im gesellschaftlich-politischen Kontext (lokal und global) kann eine zu starke Egozentrik zu Unzufriedenheit, fehlerhafter Kommunikation und am Ende zu Kooperations-Verweigerung führen. Niemand hat auf Dauer Interesse, mit Menschen zusammenzuarbeiten, die nicht oder nur schwer in der Lage sind, etwas anderes außer ihre eigene Sicht gelten zu lassen.

Eine egozentrische Haltung trifft man in allen Varianten an, in leicht, mittel und extrem. Die Grenzen zu krankhaftem, behandlungsbedürftigem Verhalten sind fließend. Eines aber betrifft die meisten Menschen, die zu egozentrischem Verhalten neigen. Sie sind oft nicht in der Lage, ihr eigenes Fehlverhalten von alleine selber zu erkennen und anzuerkennen, geschweige denn ohne die Hilfe Dritter abzustellen. Egozentrisches Verhalten bedarf konstruktiver Kritik und liebevollen begleitenden Feedbacks.

Ohne in Konkurrenz zu der zahlreichen Fachliteratur zu treten, werden in diesem Band Ursachen und konkrete Ausprägungen am Beispiel entsprechender Krankheitsbilder auf den Punkt gebracht. Dabei geht es darum, Menschen für egozentrische Störungen verschiedener Grade zu sensibilisieren, damit man diese erkennen und angemessen darauf reagieren kann.

Humanität beginnt damit, andere Wirklichkeiten zu erkennen und zu berücksichtigen, damit sich menschgemachte Katastrophen verhindern lassen. Empathie ist in der durch Egoismus und Egozentrik geprägten heutigen Zeit ein Schlüssel, um den Fluch der Egozentrik zu durchbrechen und so einen zentralen Beitrag für den Fortschritt der Menschheit zu leisten.

Handbuch Ultimative Revolution – Die Menschensonne

In diesem Handbuch geht es ganz im Einklang mit den bisherigen Zielen – der Überwindung von Einseitigkeit, Egoismus und Egozentrik – im vierten essenziellen Schritt darum, Menschen zu inspirieren, ihr Wissen und Können uneigennützig in den Dienst der jeweiligen Angelegenheit zu stellen – also unabhängig von ihrem Ego und irgendwelchen Partikular-Interessen. Nur, wenn möglichst viele ihr Bestes geben, kann auch das Bestmögliche verwirklicht werden. Der heutige Zustand von Mensch und Natur lässt nichts anderes mehr zu.

Die Erkenntnis, dass die Menschheit im 21. Jh. vor einer Vielzahl schwerwiegender, bisher ungelöster Probleme steht, die massiven Einfluss nicht nur auf die kommenden Generationen, sondern auch auf die Zukunft des Planeten Erde insgesamt haben, drängt sich immer mehr Menschen unausweichlich auf. Einhergehend mit dieser nicht mehr zu verdrängenden Sicht macht sich eine Art Schockstarre breit. Die meisten politischen Entscheider, aber auch deren Unterstützer, reagieren geradezu paralysiert. Sie erweisen sich als unfähig, mit der realen Bedrohung angemessen umzugehen. Notwendige Maßnahmen werden oft nur halbherzig angegangen.

Wie aber lässt sich diese Starre möglichst zeitnah durchbrechen?

Besonders in einer Zeit, in der angesichts der Komplexität derartige nationen-übergreifende Probleme nur noch global gelöst werden können, kommt es genau jetzt auf jeden einzelnen Menschen an, und zwar genau dort, wo dieser steht und mit dem, was er kann.

Sind Ziel und Richtung – eine freiheitliche, sozial und ökonomisch ausgerichtete Gesellschaft, die auf Kooperation aufbaut – erst einmal klar benannt, sollten möglichst viele in möglichst vielen Bereichen an der schrittweisen Umsetzung teilhaben, damit diese gelingen kann. Der Fortschritt der Menschheit liegt also in den Händen sehr vieler Menschen. Es sind deshalb jetzt all die Einsichtigen, die sich unüberhörbar bemerkbar machen, die jetzt aufstehen und in die richtige Richtung losgehen müssen.

Gebraucht wird die Menschensonne der Besonnenen, die wieder lernen, fruchtbar miteinander ehrlichen Herzens zu kooperieren, die Entwicklungen zum Wohl von Mensch und Natur ermöglichen, die in den heutigen egoistischen Zeiten unvorstellbar sind. Nur so lässt sich die Starre überwinden und hoffentlich das Schlimmste abwenden bzw. abmildern. Zumindest wird es Menschen mit neuem Sinn erfüllen können – ultimativ!

ErkentnisLandschaft
Vielsicht – Einsicht – Weitsicht
Bild und Text Meditation

Das Jahr 2020, das Erscheinungsjahr dieser *Bild und Text Meditation*, wird als ein sehr spezielles Jahr in die neuere Geschichte eingehen. Die weltweite Bedrohung durch das Coronavirus (SARS-CoV-2), mit vielen Millionen Infizierten und über eine Million an der Coronavirus-Erkrankung (COVID-19) Verstorbenen, haben die meisten Menschen aller Altersstufen von heute auf morgen für immer entscheidend geprägt.

Die Begrenztheit einer sogar im Gesundheitssystem ökonomisierten Gesellschaft wurde überdeutlich, weil es um die elementaren Fragen von Gesundheit, Überleben und Tod ging. Der Staat musste massiv eingreifen.

In der BRD wurde durch das kluge und entschiedene Eingreifen der Politik in enger Zusammenarbeit mit der Wissenschaft in der ersten Welle die Katastrophe verhindert. Die resoluten Maßnahmen wurden durch eine beeindruckende Mehrheit der Bürger mitgetragen. Klar wurde auch, dass viele der drängenden globalen Probleme, wie z. B. die Klima- und Umweltproblematik, eine ähnlich entschlossene Vorgehensweise brauchen.

Wie aber lässt sich die diesbezügliche Lähmung effektiv überwinden?

Ohne Vielsichtigkeit, Globale Intelligenz und Kooperation ist das unbezweifelbar nicht möglich. Der Bildband *ErkenntnisLandschaft* thematisiert in kurzen Texten und Aphorismen (neben eindrucksvollen Fotos aus der Vulkanlandschaft Eifel) die zentralen Erkenntnisse der *Schriftenreihe Globale Intelligenz* (gloint.de).

Der Leser und Betrachter wird zu einer Meditation über fundamentale Zusammenhänge eingeladen, ohne die die notwendige Einsicht und sinnvolles Handeln nicht vorstellbar sind. Jeder Einzelne mit genau seinem Beitrag ist unverzichtbarer Teil der notwendigen globalen Kooperation. Die zahlreichen Themen – von Vielfalt, Humanität, FehlerKompetenz, Egozentrik, bis hin zu Empathie und Frieden – bieten dafür eine informative und motivierende Basis.

Die Grundsatzfrage 2020 – wie Menschen künftig miteinander leben sollen – und die entsprechende aktuelle Petition dazu werden nahegelegt.

Zu guter Letzt

▪ *Wie macht der Hahn?*

Während der Hahn in Deutschland „kikeriki" macht, so macht er in anderen Ländern ganz anders: „kukurüku" (in Polen), „kokorujuk" (in Indonesien), „Tiktalao" (auf den Philippinen), „kikerou" (in China), „kokuroku" (in Ghana), „kokkereko" (auf Tamil) und „kukeriku" (in Kroatien).

▪ *Wie macht der Hund?*

Macht der Hund in Deutschland „wauwau", so macht er in in Polen „hauhau", „awaw" in Kroatien, „rafraf" in den USA, „wangwang" in China, „gukguk" in Indonesien, „colcol" auf Tamil und „waowo" in Ghana.

▪ *Wie hört sich niesen an?*

Jemand, der niest, macht in Deutschland „hatschi", „abschig" in Polen, „habtschi" in der Slowakei, „abschiha" in Kroatien, „hatscho" in den USA, „hattè" in China, „hatzu" auf den Philippinen, „hatsch" in Indien und „hatsching" in Indonesien.

Diese unterschiedliche Wiedergabe des Gehörten, bei der es nicht um die genaue sprachliche Bezeichnung, sondern nur um das Imitieren von Gehörtem mit den Lauten der eigenen Sprache geht, hat seine Ursache nicht etwa darin, dass die Hähne in den verschiedenen Ländern anders krähen, die Hunde anders bellen und die Menschen anders niesen, sondern darin, dass zunächst die Wahrnehmung der Menschen und dann die Wiedergabe des Wahrgenommenen subjektiv und deshalb oft sehr verschieden sind.

Wie aber verhält es sich dann erst mit komplexeren Inhalten?

Man sollte das im Umgang mit Menschen aller Couleur berücksichtigen.

▶ Mehr auf www. gloint.de